MW01228469

El Jardín de los Recuerdos

Michelle Nadine

Michelle Nadine

Es una joven autora dedicada a la filosofía y la divulgación de conocimientos en redes sociales para el aprendizaje y el amor a la sabiduría.

Su trabajo como escritora se ha centrado en hablar de temas profundamente íntimos para ella como lo son la salud mental, la relación con uno mismo, la pérdida, el amor, el sentido de la vida y el reencontrarse a uno mismo aún en los momentos de mayor oscuridad desde un punto de vista filosófico e incluso hasta poético.

Su dedicación a la filosofía y el uso práctico en la vida cotidiana de la misma la ha ayudado a crecer y llevar esa reflexión a todos sus seguidores, y apasionados por el conocimiento que puedan sentirse identificados/as con su historia de vida y mensaje.

"No hay nada que disfrute más que compartir lo que amo y poder conectar con tantas personas desde la filosofía"- Michelle Nadine

Contacto:

Correo electrónico: cafeidos@gmail.com

*Instagram: @cafeidos_*

TikTok: @michiblonde

Para mi esposo.

El que me alentó e inspiró a escribir este libro.

El que me acompaña todos los días a caminar en este jardín.

Y, sobre todo, el que me ayudó a reconstruir mi corazón.

Te amo y te llevo peonias al final de este camino

Prólogo

Aquí les van mis más profundos pensamientos, donde comienza el camino en este complejo jardín, el jardín de mis recuerdos.

Podremos encontrar en él girasoles; flores hermosas que representan todas aquellas cosas preciosas de mí que debo recordarme con mayor frecuencia.

Luego pasamos por los cactus que, aunque buenos sean para las heridas, difíciles son algunas de sanar por completo.

En el sendero de la vida, no pueden faltar los tulipanes, las flores favoritas de mi madre. Las cuales contienen mi pasado y a su vez una historia compartida de amor y dolor.

A su vez tenemos a los muertos, cempasúchil es la flor que le tendemos a quienes ya no están;

como amistades, exnovios y padres. Como tributo a su recuerdo o celebración por su ausencia.

Por último, llegamos a la parte del amor, las peonias que me regala mi relación. La cual, como todo en esta vida, tiene su lado bueno como su lado malo. Un sendero que solo estaría dispuesta a cruzar con él.

Y es aquí donde acaba el libro, pero sigue escribiéndose con todos aquellos que pasan por este jardín y se detienen a oler las flores que sembré en el camino para ustedes.

Girasol

Para mi

Yo no soy blanco y negro,

inviernos eternos o lluvias torrenciales.

Soy más como el amarillo y el rojo,

como aquellos tonos ocres en la puesta del sol

o los girasoles recién despertados al amanecer.

Como estas hojas que expresan lo que siento,

soy todo lo vivo y resplandeciente.

- *Girasol*

Comprendí que mi valentía no consistía en ser fuerte,

sino en poder mostrarme vulnerable.

Para algunos es la escritura,

para otros el arte como el dibujo,

el cine o la fotografía,

la música o la meditación.

Todos deberíamos tener estas formas de poder expresar lo que sentimos,

lo que pensamos,

lo que padecemos y lo que amamos.

Sin esta expresión catártica de nuestro mundo interno

¿Siquiera podemos consolarnos a nosotros mismos en aquellos momentos de desesperación?

Debo dejar de utilizar el pasado para predecir mi futuro.

El síndrome del impostor se apodera de mi cada que agarro la pluma al escribir,

como si algo dentro de mi cabeza me dijera:

"Jamás serás lo suficientemente buena".

Pero no dejo de entrar en combate con las hojas en blanco,

no dudo a la hora de desenvainar mi lápiz para desahogarme,

y mucho menos al sacar la goma y borrar por completo lo escrito.

Porque es peor sentirme ahogada con aquellas palabras que no digo,

que entrar en guerra todos los días por aquello que no guardé.

- *Combate*

El momento en el que aprendí que nadie más iba a venir a salvarme, dejé de ponerme en el papel de la víctima.

Tal vez ambas relaciones se empalmaron por un momento;

en aquellos meses de agosto y septiembre,

donde mi mente y mi corazón luchaban por claridad.

Pero no entre escoger a alguno de los dos,

sino en cómo iba a empezar a amarme mejor

para no caer de nuevo en esta situación.

Qué bonito sería dejar de dudar de mí.

Sacarme el anzuelo de la boca,

dejar de nadar en círculos en esta maldita relación toxica que tengo conmigo misma.

"No soy suficiente", "no soy buena", "no voy a lograr nada".

Parece que pesco para no atrapar un pez,

al igual que me pongo de carnada.

La presa: mi autoestima

El pez: mi felicidad

La caña: mi cabeza.

- *De pesca*

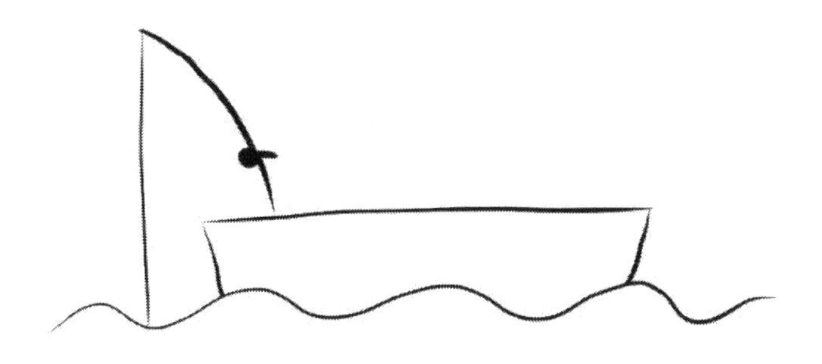

Aprender a tratarme bien no ha sido fácil;

el camino hacia ti ha sido áspero.

He esperado convertirme en tu amiga y extender mi mano,

pero fallo en cada tramo.

Como si quisiera autosabotear nuestra relación,

por el deseo de protegerte te escondo, te insulto y te hago menos.

Tal vez con la ilusa idea de no lastimarnos,

con la estupidez de creer que no llegaremos a ser felices

y que hay muchas cosas en tu camino que te lo impedirán.

Curioso decir eso cuando he sido tu mayor obstáculo,

tu impedimento,

tu traba,

tu peor enemiga.

Pero, aun así, te levantas y ardes,

ardes como nunca,

como si jamás te dijera que no puedes,

como si nunca te hubiera hecho menos,

como si fuera tu mejor amiga apoyándote en cada paso,

sin dudar de ti,

sin miedos

y sin rencor alguno.

Qué bonito sería llevarnos bien,

dejar de atacarnos y arder:

que ardamos juntas,

nos quememos juntas

y renazcamos cual ave fénix.

- *Amigas en llamas*

Lastimosamente no te escuché lo suficiente,

no atendí tus necesidades y me convertí en tu enemiga.

Tal vez si hubiera estado más en contacto con mis emociones y menos en mis pensamientos,

podía haberte dado el lugar que merecías.

- Carta a mi corazón

Buscándome en las otras personas y comparándome con ellas;

aprendí que no hay peor traición a mí misma

que medirme con aquellos corazones que no me pertenecían.

De pequeña cantaba

hasta que mi voz maduró y no fue la misma.

Bailaba

hasta que olvide la coreografía.

Jugaba

hasta que perdía.

Lo intentaba

hasta que me aburría.

De grande aprendí que no todo lo que comienzo necesariamente debe terminarse.

Pero sí que debo ser paciente con el proceso de encontrarme

en cada una de mis actividades.

Me es inevitable no escribir de noche.

Cuando me encuentro en paz con mi soledad,

conectada con mis sentimientos,

y lista para darle forma a mis pensamientos
con el lápiz y el papel.

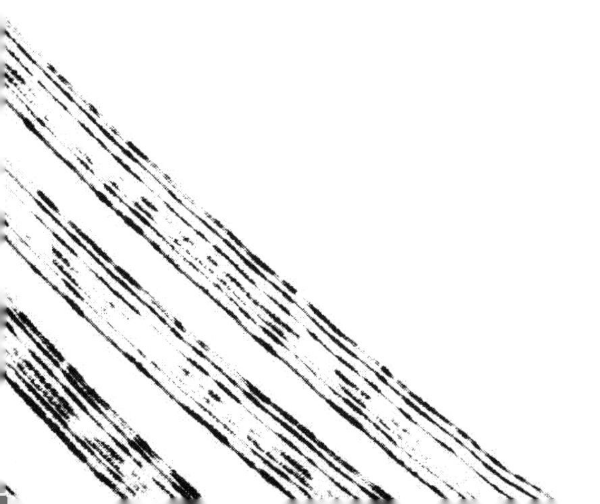

Si pudiera dejarme una marca,

un recordatorio, o una nota

respecto a aquello que debo recordarme todos los días,

Iría algo así:

"No dejes que tus pensamientos te agobien y acaben con tu mente,

que tus sonrisas se vean desvanecidas por el dolor del pasado,

o que la comparación opaque tus logros.

Que no te dejaras atrás a ti misma por las demás personas

y que creyeras en ti

Como si sí reconocieras todos tus esfuerzos

sin la necesidad de sentirte como un fracaso"

Tienes mi cuerpo tan impregnado en tu memoria, que te ha de ser imposible tocar a alguien más sin delinear mi silueta.

Me encantaría escribirme cartas de amor

para recordarme lo valiosa que soy,

reconocer todos mis logros,

saber que he podido atravesar cada lucha,

que a pesar de no siempre salir vencedora

he llegado lejos.

Que no me debo de fijar tanto en las derrotas

y debo confiar en que saldré de ellas con orgullo.

Poder describirme con analogías hermosas

que representen los tatuajes de flores en mi cuerpo.

He de recordarme que, aunque no siempre me he sentido bella

Eso no significa que mi brillo se haya apagado,

y mucho menos que mis sueños se desvanecerán por la duda hacia mi capacidad.

Que no importa cuánto batallé conmigo misma

porque seguiré dedicándome cartas de amor

que me recuerden que no solo se les habla a los otros con ternura y compasión,

sino que también dejamos palabras bonitas para nosotras.

Como si fueras mi mejor amante,

mi mano derecha,

mi mejor amiga.

Como si te dedicara canciones de amor todas las mañanas cuando te ves al espejo

y te abrazara cada vez que estás triste.

Así como cuando no crees en ti y pueda motivarte a seguir adelante,

porque de eso se trata el amor que trabajo tanto en tenerme;

que no importa que jamás te haya enviado estas cartas

Lo importante es que lo hago ahora.

- *Con amor para mi*

Pensando en ti me di cuenta

que debería verme más a mí misma

cómo te veo a ti.

- *El amor es algo que empieza por uno*

Ya no te voy a pedir más disculpas por todo aquello que nos dije,

ahora voy a hablar con mis actos

para no hacer cosas reprochables

que posteriormente terminen en una disculpa

- *La importancia de tratarnos bien*

Cactus

Para las heridas

Estoy llena de espinas que sirven para protegerme,

sobrevivo con poca agua y mucho sol.

Pero al mismo tiempo me encuentro en un desierto

y ya no sé si en realidad estas espinas crecieron para salvarme,

o si fueron un mecanismo de defensa contra mí misma.

- *Cactus*

¿Cuál será aquella distancia que podre crear entre nosotros?

Aquella que hará que nuestros labios se separen,

creando un gran abismo de silencios entre noches frías.

Parece que aquella inseguridad de la que un día me libre

regresa con más fuerza, cual briza de otoño.

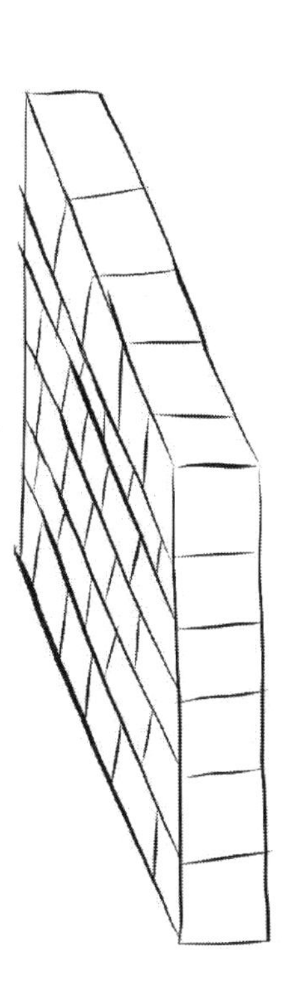

Quisiera que las inseguridades no me hicieran pensar que ya no te tendré conmigo,

que la desesperanza no apagara mis sueños

y que tus besos no dejen de ser míos.

Pero ¿qué puedo hacer en este punto?,

¿llorar hasta secarme por completo?,

¿gritar hasta quedarme sin voz?,

¿soltarte para siempre sin dejar rastro de nuestro amor?

Distancia, parece que fue la mejor opción

Cerrarme para nunca más poder ser herida

Pero también para nunca más ser amada.

- *Inseguridades*

Es como arrancarte las pestañas,

o quitarte los pellejitos de los dedos;

como si quisiera erradicarte,

destruirte por completo,

tirarte a la basura y no verte de nuevo.

Abandonarte para siempre y no preocuparme por ti,

para no sentirme mal al respecto

y ya no tener que verte en el espejo.

Desear arrebatarte todo el poder que tienes sobre mí,

como cuando te cortas las puntas del cabello,

o el limarte las uñas después de un periodo largo de tiempo.

Ojalá ya no fueras un problema para mí y tomaras tanto peso.

Ojalá pudiera arrancarte como las pestañas

para que no te metas en mis ojos y llorar por ti.

- *Carta para mi cuerpo*

Quisiera creer que no se trata de ser mejor o peor,

más o menos,

superior o inferior.

Pero me resulta imposible verme fuera de esas categorías

cuando de otras mujeres se trata.

Porque considero que no hay peor competencia,

que aquellas que nos creamos en nuestra propia cabeza.

Si no pasara tanto tiempo haciéndome mierda

tal vez encontraría la receta

para verme como alguien valiosa.

- *Chef*

Me pregunto cómo pude quedarme tanto tiempo,

con una persona que no estaba dispuesta a darme un segundo del suyo.

- *Reciprocidad*

Así es como te das cuenta del abuso sexual infantil:

tienes problemas de incontinencia,

hipersexualización,

pesadillas por las noches,

masturbaciones a edades inapropiadas,

alertas constantes de peligro en tu cabeza

y un sentimiento que perdura hasta la adultez.

Ese que te indica que solo tienes valor en la medida que entregas tu cuerpo,

o no lo haces en lo absoluto.

Porque llegas a un punto de ya no poder comprender,

sí aquello que te causó tanto vergüenza y dolor

ahora es tu forma de control,

y ya no puedes verte a ti misma

fuera del espectro, donde tu cuerpo juega un papel tan crucial

en la autopercepción después de la humillación.

- *TEPT*

Así que me desvisten para dormir,

con la excusa de que no tengo una pijama o ropa limpia.

Me dejan con los demás niños,

solamente unos calzones que cubren mis genitales,

y es ahí cuando abren la puerta para castigarme,

Decirme que debo estar dormida.

¿Pero cómo iba a dormir si me estaba muriendo de frío?

Así que me sacan del cuarto y me llevan con un hombre,

el cual me indica que me he portado mal,

que no puedo decirles a mis padres

porque era mi culpa

Ahí es cuando cierra la puerta…

Tenía 3 años

Me observan como si pudieran tocarme.

Sentirme entre sus brazos

y poder llamarme "suya".

Como si fuera un simple objeto o una cosa,

mi cuerpo como un medio para su fin.

Despojada de toda voluntad,

silenciando mi "no" con sus insistencias.

¿Qué carencia de afirmación interna poseerán estos desgraciados?

¿Qué falta de autoridad o de poder han de sentir?

¿O es que aquella condición de 0 a la izquierda podrá ser saciada con la imaginación de mi cuerpo desnudo sobre ellos?

Yá ni siquiera lo encuentro despreciable,

sino patético.

Creer que pueden tenernos

cuando ni siquiera volteamos a verlos.

- *Acoso*

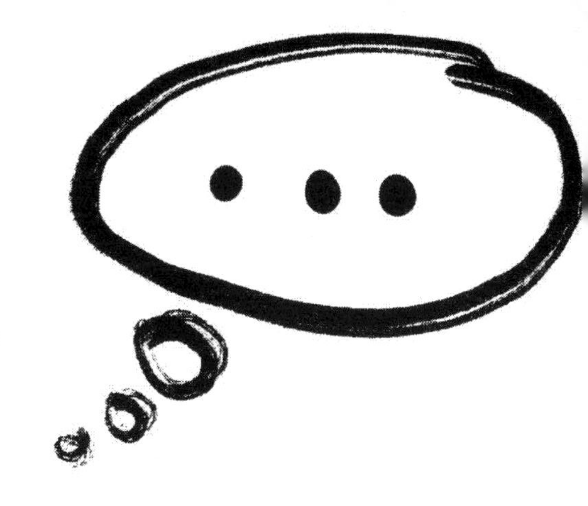

No me encuentro
bien conmigo
misma

como para saberme
digna o
merecedora de
amor.

Siquiera deseada más allá de un objeto,

querida más allá de una conveniencia,

admirada más allá de mi belleza,

importante más allá de un instante, o

amada más allá de una idea.

Y he meditado respecto a qué tal vez no deje de hacer las conclusiones que saco

o pensar de la manera en que lo hago.

-Condicionada

Al mostrar mi cuerpo en redes reflexiono respecto al nivel de poder que tenían las demás personas sobre mí.

Como si pudieran atravesarme con su mirada,

afirmarme con un like,

o demolerme con un comentario.

Tanto así que empecé a ocultar mis piernas,

mis senos,

mi trasero

y todo aquello
que pudiera ser
visto como
signo de
vulgaridad.

Deje de
maquillarme,

arreglarme,

o siquiera
poner atención
a mi
apariencia
física.

Y es ahí donde mi di cuenta que se lo habían llevado todo,

todo aquello que me hacía sentir a gusto conmigo misma:

me hicieron rechazar mi cuerpo y pensar que merecía vergüenza,

que los comentarios obscenos eran provocados por mis atributos,

y que, si no quería recibirlos, no debía mostrarlos.

Pero de todas formas los hicieron,

de todas formas me sexualizaban y me veían solo como un objeto,

una muñeca de carne y hueso lista para satisfacerlos.

Me termine culpando por sus reacciones y comentarios,

pensando que había algo muy malo en ser mujer y que debía despreciarme

Porque:

¿Que soy yo si todo el mundo me ve como una cosa?

Un día me di cuenta de que ya no me veía al espejo,

ya no sentía placer en mis risas,

ni brillo en los ojos.

Me había apagado

pensando que de esa forma ya no me iban a faltar al respeto,

que si me dejaba atrás iba a ganar un sentimiento de merecimiento o dignificación,

que ya iba a dejar de ser una fuente para los sedientos.

No había nada de malo con el hecho de tener un cuerpo hermoso,

con maquillarme para practicar arte en mi rostro

y mucho menos vergüenza o culpa por tener una vagina que haría a cualquier hombre rendirse a mis pies.

Porque eso es lo que te enseñan:

que no vales,

que cada atributo de deseo que poseemos es nuestra falta y no su carencia,

que no importamos

y que nuestros cuerpos y corazones pueden ser desechados después de sus chaquetas.

Que no importa que seamos personas de carne y hueso que tenemos emociones y pensamientos propios,

porque ellos son incapaces de reconocer humanidad fuera de un cuerpo masculino.

No es mi culpa, ni mi vergüenza su falta de decencia,

no merezco menos por el simple hecho de que ellos se creen más

y tampoco valgo sus "hágalos" disfrazados de poca masculinidad y falta de autoestima.

Mi cuerpo no es cementerio para aquellos hombres de mentes muertas,

corazones débiles,

ni masculinidad conflictuada.

La virilidad no consiste en denigrar a las mujeres o hacerlas sentir cosas para ellos sentirse más hombres,

mucho menos tratar de hacernos pequeñas con su falta de seguridad y confianza en sí mismos.

Porque un verdadero hombre no hace que nos estremezcamos de miedo con su presencia,

sino el que es capaz de ver humanidad,

Donde otros ven obscenidad.

El morbo solo existe en los ojos de los perversos,

no en los cuerpos que reciben sus miradas.

Hoy volví a leer mi primer libro

y me pongo a llorar pensando

en cómo pude regresar a la misma situación.

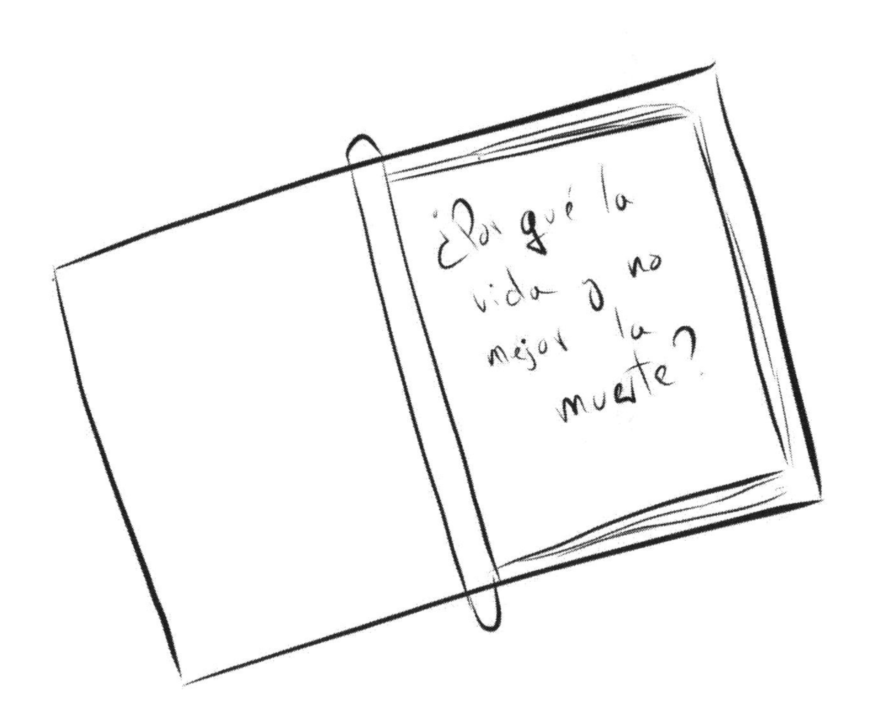

Pareciera que escribo mejor desde el dolor que la dicha.

Al parecer la felicidad no necesita de mis palabras,

Ya que el sufrimiento se lleva todas con ella.

Lo más desgraciado de mi condición

es que sabiéndome feliz,

deseo la tristeza.

Pensar que el escribir me consuela

me hace pensar en cómo no encuentro consuelo

ni siquiera en mis propias palabras.

Ya casi no me quedan fuerzas

para pelear por mí,

mientras finjo creer que vale la pena

salvarme.

Todavía me cuesta descifrar

sí soy excesivamente egoísta

o es que me importo un carajo.

Ya no sé si es que no quiero una vida contigo

o si no quiero la vida en sí misma.

Creo que somos demasiado cobardes

para ganar la guerra

sin el miedo al combate.

Y si solo aprendiera a quererme mejor,

tratarme con delicadeza,

y dedicarme palabras de amor.

Quizá encontraría la fuerza

para sacarme de esta perversa forma de autodestrucción que cree

para que nadie más excepto yo,

pudiera lastimarme.

Me resulta doloroso pensar

que las personas que amo ya están demasiado abrumadas de mi

por el hecho de que les comento constantemente lo mal que me siento.

Y debido a la imposibilidad de ellos por hacerme sentir mejor

tiendo a alejarles

por miedo a perderles

a causa de mi condición.

Y tal vez si hay un patrón en mis relaciones

“Yo”

Y he decidido dejar de escribir

por pena o vergüenza

de ser terriblemente mala

en poder expresarme a mí misma

de la manera más mediocre posible

y que así la gente vea y se dé cuenta

que no sé ni siquiera redactar una oración,

una pequeña frase o una palabra

que describa todo lo que estoy sintiendo.

Sin que se den cuenta

de mi falta de talento.

Debo dejar de tratarme

de la misma forma en como lo hacía mi padre.

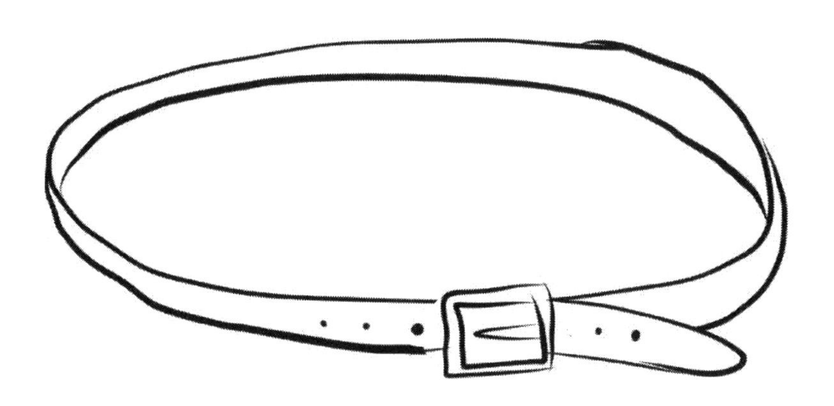

Quisiera dejar de llegar a estos extremos

donde soy extremadamente feliz

o extremadamente miserable.

Porque parece que no puedo comprender la vida

fuera de los extremos,

o si quiera sentirme por una vez en la vida

equilibrada.

Y creo que ya lo he arruinado demasiado

con mis dudas,

miedos

e inseguridades.

Tal vez este ha sido el precio que he tenido que pagar

a causa de mi ignorancia

y malos hábitos a la hora de tratarme mejor.

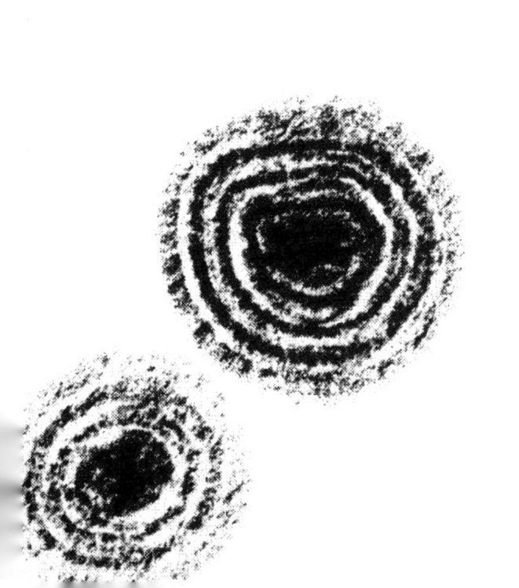

Y no he dejado de sentir esta incertidumbre

de qué tal vez

en algún momento,

podría ser cercano o lejano,

llegues tú de nuevo

con ganas de arrebatarme todo por lo cual he trabajado:

todos mis esfuerzos,

mi alegría y

mi paz.

Incluso arrancarme la vida de solo un tajo.

Porque en este punto ya no sé

si eres un visitante

o un huésped.

- *Depresión*

No existe mayor sufrimiento

que la dicha constante de placeres momentáneos.

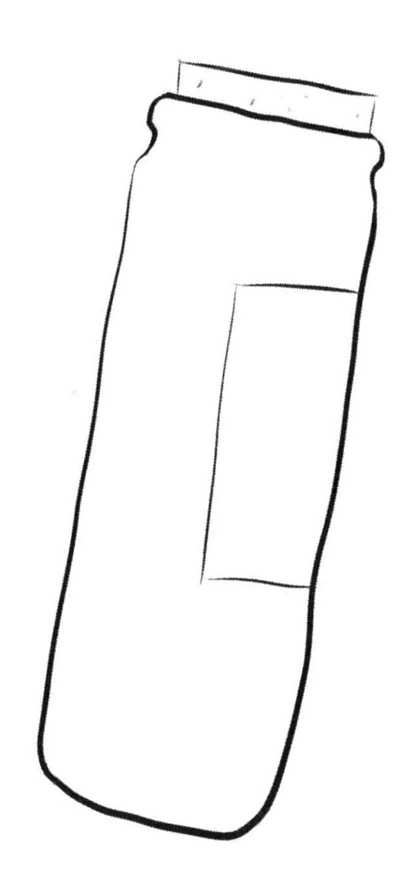

Un rojo flagrante inunda la ducha,

corriendo el agua por mis venas anda,

buscando desembocar en lo profundo de las alcantarillas de mi corazón.

Y es ahí cuando me pregunto si esta sensación de calor en mis brazos me hace sentir mejor

o si solo es un método para saber que ya no puedo caer más bajo.

Donde las gotas de mi sangre impregnan el piso,

se lleva el drenaje mi último grito.

- *Autolesión*

¿En qué momento atacarme a mí misma se volvió mi mecanismo de defensa?

Detesto sentir que no merezco un amor como el tuyo.

Detesto estas posturas autodestructivas que tengo en mis relaciones.

Donde no encuentro las palabras correctas para expresar

que no sé cómo disfrutar del amor

sin la espera del dolor.

Usualmente prefiero guardarme estos secretos,

aquellos que me da vergüenza admitir incluso ante mí misma.

Porque a veces no hay peores verdades,

ni realidades más fuertes

que aquellas situaciones en las que nos ponemos a nosotros mismos

para ser nuestro propio saco de boxeo.

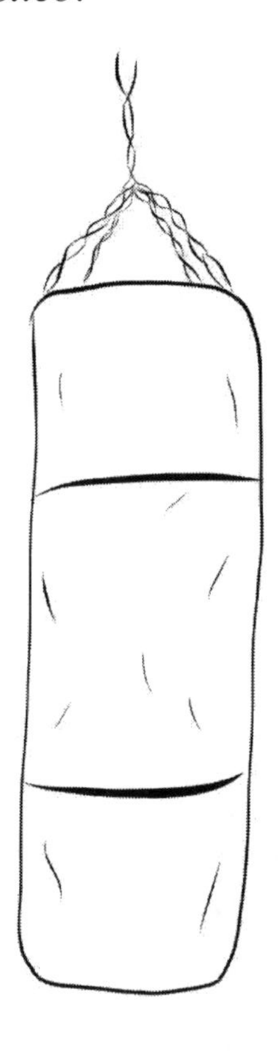

Nadie nos dice lo difícil que es romper patrones que durante tanto tiempo nos funcionaron para protegernos.

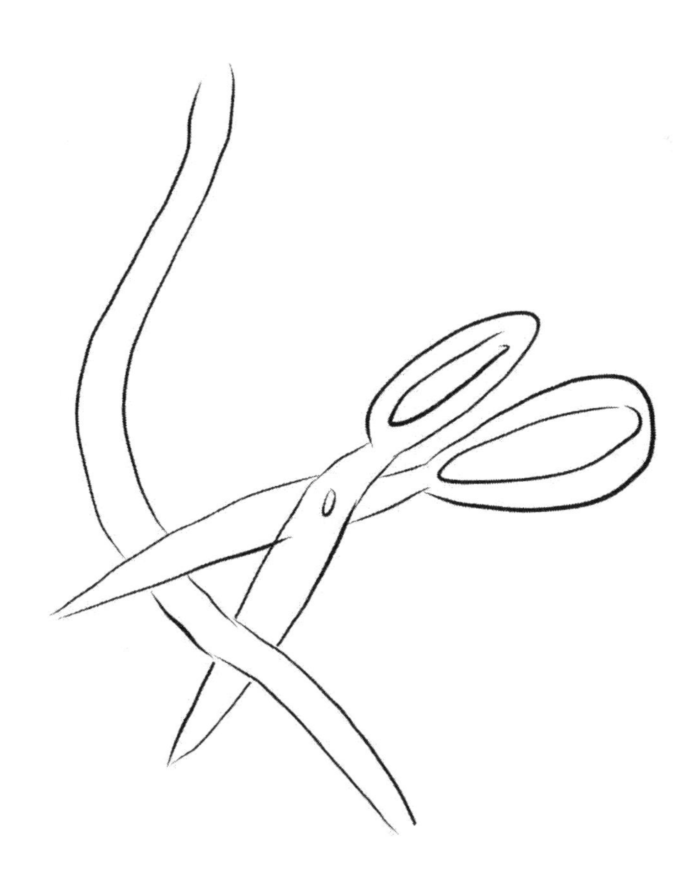

Tal vez esto sucederá con la mayoría de mis libros.

No hay un final feliz,

historias bonitas que perduren,

o un amor que resista mi pluma

antes de que el lápiz se acabe

y mis lágrimas se sequen.

Me desmotiva pensar

que mis historias de amor

siempre terminan en alguna enseñanza

y no en un cuento de hadas.

Me molesta admitir que soy una romántica

a la cual le da miedo el amor.

A veces reflexiono respecto a si la relación de mis padres

y mis amores adolescentes arruinaron por completo mis ideas sobre el amor.

Que al final me quedaré sola

y seré un "bonito mientras tanto".

En lo que recojo mis cuadernos

para escribir nuevos milagros.

Creo que ya no iré más al psiquiatra;

acepte que es un estado normal tener depresión

y que medicarme eternamente es solo un "posponer lo inevitable"

Que no aguanto la vida

y que no tengo a deseos de un mañana.

Ya me cansé de luchar contigo.

Como si en algún momento pudiera ganarte.

- *Carta a la depresión*

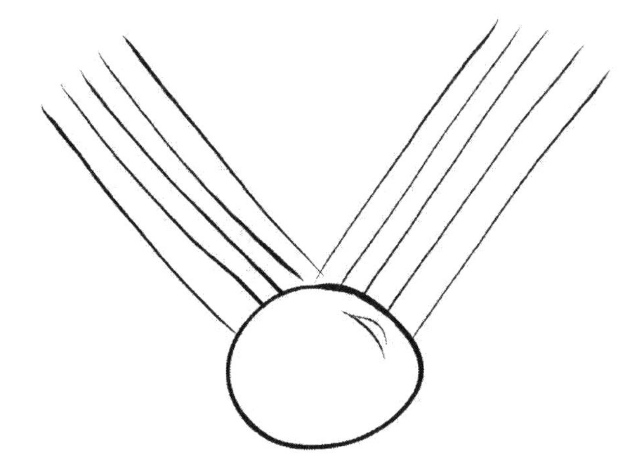

Me hundo en la tristeza

de escenarios catastróficos.

De la vida que no tendré contigo

y las expectativas de un futuro incierto.

Imaginando qué tal vez

si no fuese quien soy,

pudiera ser feliz.

Me pongo de nuevo en esta situación donde

ya no me importo,

me desgasta mi mente

y no me soporto.

Cuando pienso que el ya no estar aquí

resolvería todos mis problemas.

Iluso de mi parte haber pensado

que no me iba a querer morir de nuevo.

Llega un punto en donde no se

si es que no soporto la vida

o a mí misma.

Soy mala para lidiar con la frustración,

tal vez ese es mi padecimiento y no la depresión.

Pero ¿qué tal si esa frustración

viene desde la incapacidad de poder sentirme mejor?

¿y no que las cosas no sean como yo espero?

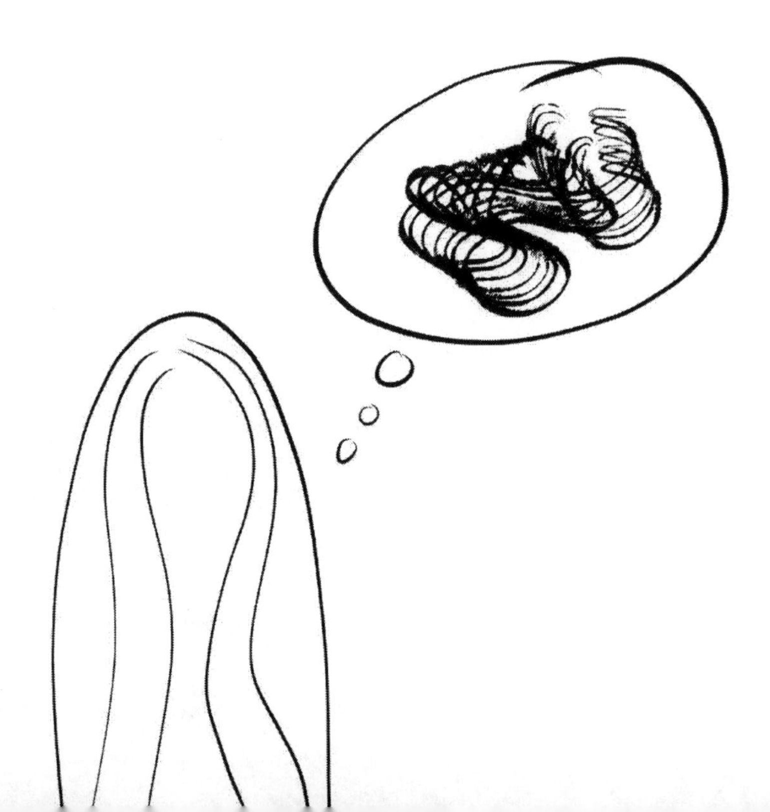

Y te invito a salir de mi vida:

no porque no te quiera en ella

sino porque me gustaría ahorrarte el dolor

de un día ya no encontrarme.

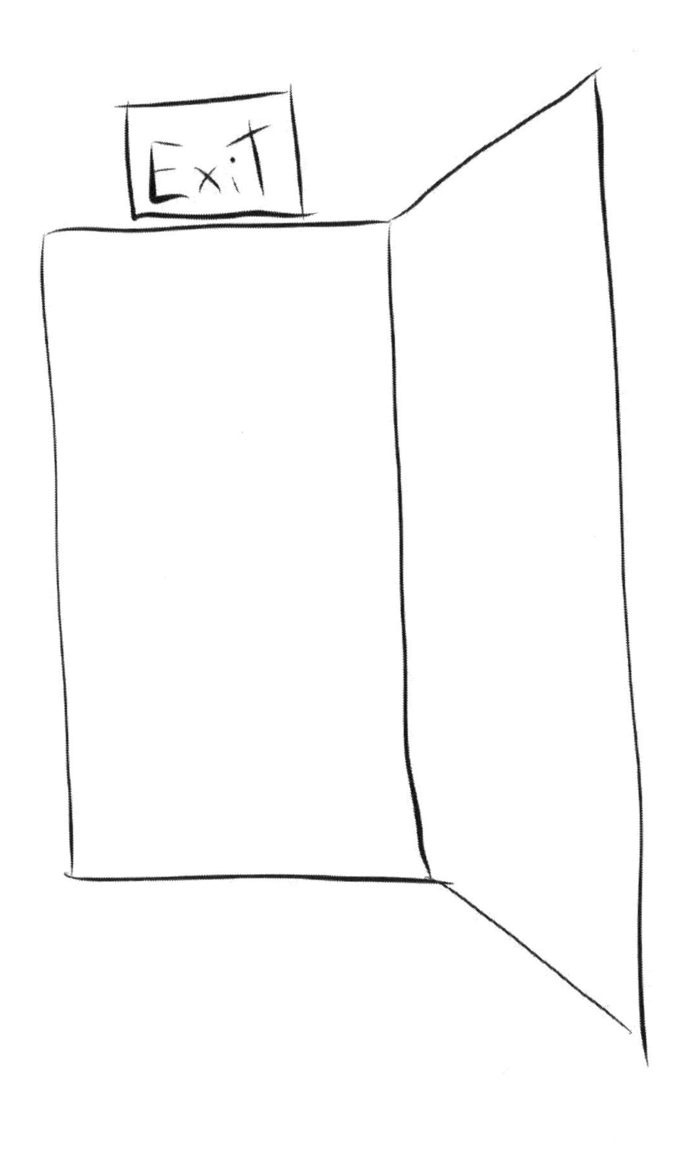

Creo que son los últimos meses de invierno

que causan este padecimiento en mi:

el de querer erradicarme de la faz de la tierra

para no llegar a la primavera.

Qué curioso que cuando me empecé a sentir mal,

verdaderamente mal,

te fuiste.

Tulipanes

Para mi mamá

Me he contenido de escribir sobre mi madre

porque ni todas las flores del mundo,

ni todos los poemas

o páginas llenas de escritos,

podrían hablar sobre ella

sin que las palabras parezcan minúsculas en comparación su grandeza

- *Tulipanes*

Porque tenerte a ti es no sentirme sola.

Cuando pienso en los momentos bonitos de mi infancia,

Tú estás a mi lado en la mayoría de ellos.

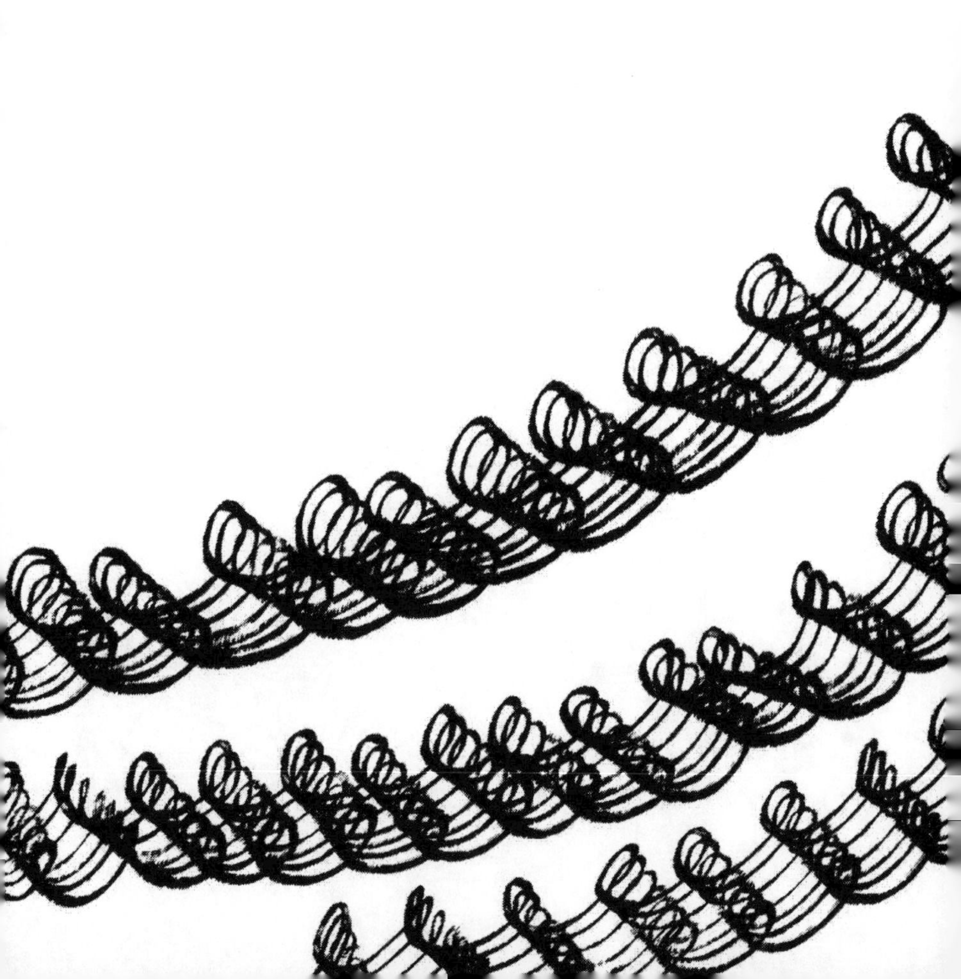

Como quisiera poder regresarte los años,

regresarte el trabajo y el sacrificio,

las horas sin dormir y los malos ratos.

El haberte roto las costillas (accidentalmente),

o el escaparme de noche para irme de fiesta.

Como quisiera regresar el tiempo atrás y verte con compasión.

Ahora me queda sostenerte entre mis brazos,

ayudarte con las cuentas,

acompañarte y cuidarte,

hablar contigo sobre la vida

y disfrutarte el tiempo que me quedas.

Creo que lo que más me dolió en mi infancia
no fue todo el maltrato,

todo el dolor,

todo el abuso

y toda la manipulación.

Sino verte ahí callada, sin hacer nada.

- *Víctimas de abuso*

No le escribo mucho a mi madre,

y no es por falta de amor o compenetración
que tengo con ella.

Paso la mayoría de mis días a su lado

y la admiro.

Pero creo que no sería justo

escribir de ella y mostrarlo al mundo

cuando hay
secretos
que solo
ella y yo
guardamos,

historias
que solo
contamos
entre
nosotras

y palabras
que solo
están en
nuestro
idioma.

Porque
algo de lo

que el mundo y nosotras estamos hechas

es de pasados, presentes y futuros.

Que por más que los queramos inmortalizar
en escritos, canciones o pinturas,

jamás reflejarán la totalidad del paso del
tiempo.

Donde ella y yo

no moriremos nunca

porque jamás fuimos una historia estática,

acabada,

con un punto final.

Donde el antes, el ahora y el después

se siguen escribiendo

en el latido de nuestros corazones

y en el amor que nos guardamos.

Considero que lo que más me costó perdonar y sanar

no fue la agresión de mi papá,

sino que me hayas llevado abajo contigo

en tus patrones de autodestrucción.

- *Historias que se repiten*

También he tenido que aprender a no revictimizar a la victima

y dejar de echarte la culpa por cosas que no estaban en tu control.

Porque si algo sé ahora es que los ciclos de violencia

son perpetuados por el mismo trauma

que hace imposible irte de una situación,

aunque te esté desgarrando el corazón.

Por eso ya no te culpo ni te guardo rencor,

no sería justo de mi parte echarte debajo del autobús y decir que

"tú lo permitiste"

O que, "te hubieses ido y ya".

Cuando hasta hoy en día puedo darme cuenta

que no es tan fácil irte de una situación

que durante tantos años te enseñaron que era normal.

- *Patrones familiares*

Pecas manchan todo su cuerpo

Como un rastro o recuerdo

De aquella infancia en la playa

Tomando el sol con la esperanza

De en algún momento dejar de ser blanca.

Hablaba de una manera extraña

O esto fue lo que le dijeron sus compañeros

Avergonzada de ser de padres de extranjeros

Cambio su dialecto

Y el español se convirtió en su nuevo sendero.

Segundo nombre extraño

Recuerdo de lo ajeno

Se burlaban de este

Para diferenciarla de la gente.

Así que cambió su identidad

Y Gabriela sería su camino a tomar.

"No debes correr que te enfermaras"

Le decía su madre para protegerla

Pero el control fue más allá

Que solo caminar en las afueras

"Solo eres buena para estudiar"

Se le recalcaba con recelo

Como si su valor solo estuviera

En el grado de excelencia

Y no en su corazón.

Sintiéndose inútil e incapaz

Creció como la mejor de su clase

Se graduó a los 16

Y se fue de la ciudad

Por un sueño de viajar y ser una mujer del cielo

Estudio idiomas para aprovechar su talento

Escapar de casa y así correr lejos.

Su silueta adelgaza

Mientras ella no entendía lo que pasaba

"Anorexia" le llamaban

La nueva enfermedad que mataba.

Tal vez fue el rechazo a su madre,

La falta de ejercicio

O el sentimiento de insuficiencia

Que sembraron la inseguridad

En la vida de esta pequeña.

Conoció a un hombre negro

El cual su familia odiaba

Porque ¿por qué estarías con alguien de otra raza?

Si Italia fue su casa.

Anonadada por el control

Escapó a casarse con este hombre

El cual era malo para ella

Y no por la tez de su pareja.

Sollozaba por el dolor de haberse equivocado,

Sobre todo, porque su madre

Otra vez había ganado.

Se fue alejada de la ciudad y se divorció

Le apuntaron una pistola en la cabeza y su vida continuó

Formó su propia empresa

Y ella siguió.

Pasaron unos años de malos amores

Problemas económicos

Y lejanía con su familia

Conoció a un señor que encantador parecía

Una sonrisa hermosa llena de mentiras

Se casó con él al poco tiempo

Tuvieron a una niña parecida a ella

Aliviada estaba su familia porque morena no era

Entre nacimientos y peleas

Un día el esposo le pega

Repitiendo el patrón que un día en su casa se enseñó

Se sintió culpable y lloro

Lloro al sentir que su gran amor la había maltratado

Y sin importar que la niña llevaba un mes de nacida

La compasión no era algo que él conocía.

Siguió la dinámica y la historia se repitió con su hija

Una historia de abusos y maltratos

Normalizados entre "te quieros" y "te amos"

Lastimosamente la niña que no podía correr se quedó estancada

Mermando toda su voluntad

Ante el instinto de huida.

Perdieron su casa

Y mantuvo a toda la familia

El esposo dejó de trabajar

Y ahora de él se encargaría

Un día llego una oferta de trabajo

Más allá de lo conocido y a lo lejano

Se encontraba aquel sueño de volar y salir corriendo

Se llevó a ambos para comenzar una vida nueva de sueños

Vida la cual no iba a cambiar la tragedia.

La historia se repetiría y los malos ratos no acabarían

Llena de dolor y decepción

El cansancio la alcanzó

Haciendo que cuatro años después,

Dejase a su pareja entre gritos y desdén.

Ya un tiempo paso y el divorcio por fin llegó

Siete años después de su separación.

Caprichosa al cambio y al encontrar ayuda

Encontró un libro qué tal vez nada cambiaría

El libro escrito por su hija que su historia contaría.

Con la esperanza de que en algún momento

Esta llegue a despejar y sus alas utilizar

Dejando todo el dolor atrás

Y sin miedo a triunfar.

Pensando por fin

¿Quién es aquella Gabriela por la que tanto luchó?

Esperando que su nuevo nombre significara algo más,

Algo más allá que las pecas que manchan su cuerpo.

Cempasúchil

Para los muertos

Este capítulo va para todos aquellos que ya no están,

estas personas que un día formaron parte de mi vida que, por diferentes razones:

ya sea descuido, traición, sufrimiento, o dolor,

ya no se encuentran a mi lado.

Pero que sin duda alguna las llevo conmigo,

como aquello que recordamos

para hacernos fuertes

o incluso, llorar por su pérdida o extravío.

Porque si algo nos pueden enseñar los muertos

es a ver nuestro pasado

para darle perspectiva a nuestro presente

sin que ellos formen parte de nuestro futuro.

- *Cempasúchil*

Pareciera que el sonido de tu voz se va desvaneciendo,

como si todos tus recuerdos estuvieran recluidos en mi memoria.

Ayer no te pensé, de hecho, no he pensado en ti en un tiempo.

Ya no se si me duele o no me importas en lo absoluto.

Mis moretones ya sanaron y tus palabras ya no me hacen daño.

Aliviada estoy que ya no estés aquí,

que desaparecieras en mis mensajes de WhatsApp para no leerte jamás.

Pero aún sueño contigo,

me sueño atrapada en tu ruina,

ahogada en tu miseria

y sofocada en tu dolor.

Aprisionada con tus cadenas y atada a la guillotina mientras tu eres mi verdugo.

Me gustaría ya no soñar contigo y olvidar todo,

alejarme de tus malditas formas de hacerme menos y matarte con mi indiferencia.

Pero al parecer ya somos dos;

dos que tienen que vivir con tu recuerdo,

dos personas aprisionadas contigo,

dos almas sangrando por ti.

Y aquí nos encontramos los dos,

tú y yo

con el recuerdo de tu voz

y mi intento de olvidarla.

- *Para papá y el estrés postraumático*

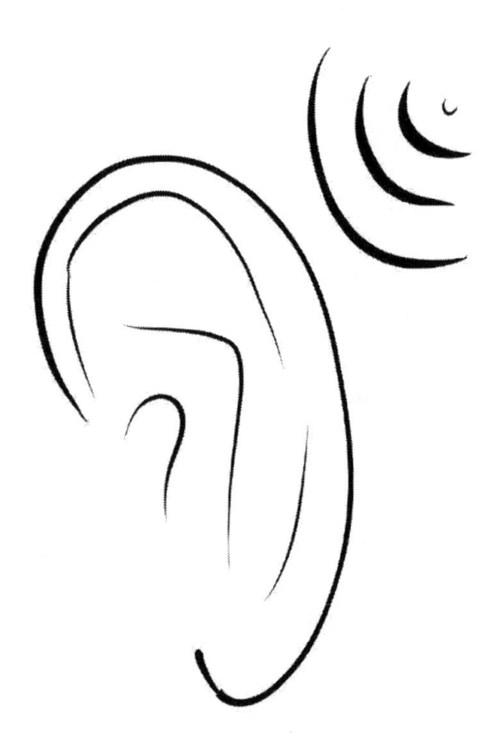

Tengo el corazón roto

por una relación que acabó hace un año.

Y sigo intentado recoger los pedazos,

sin pensar que en ellos se encuentran

partes de ti.

La noche se acerca y te has alejado,

el viento en mi cara me dice que algo ha acabado:

el amor entre tú y yo,

o la historia que nos hemos contado.

La nueva vida que hemos planeado,

o tu maldito nuevo trabajo.

Ya no somos tú y yo

ahora eres ese "casi algo"

que nunca se dio

- *Perdiendo el tiempo*

¿Acaso pensaras en mí estando con ella?

Practicando los trucos que te enseñé en un cuerpo distinto,

sacándote de tu maldita coreografía genérica.

¿Tendrá los mismos lugares secretos que yo?

¿O es que ya te acostumbré tanto a mis movimientos que lo buscas en todas las caderas?

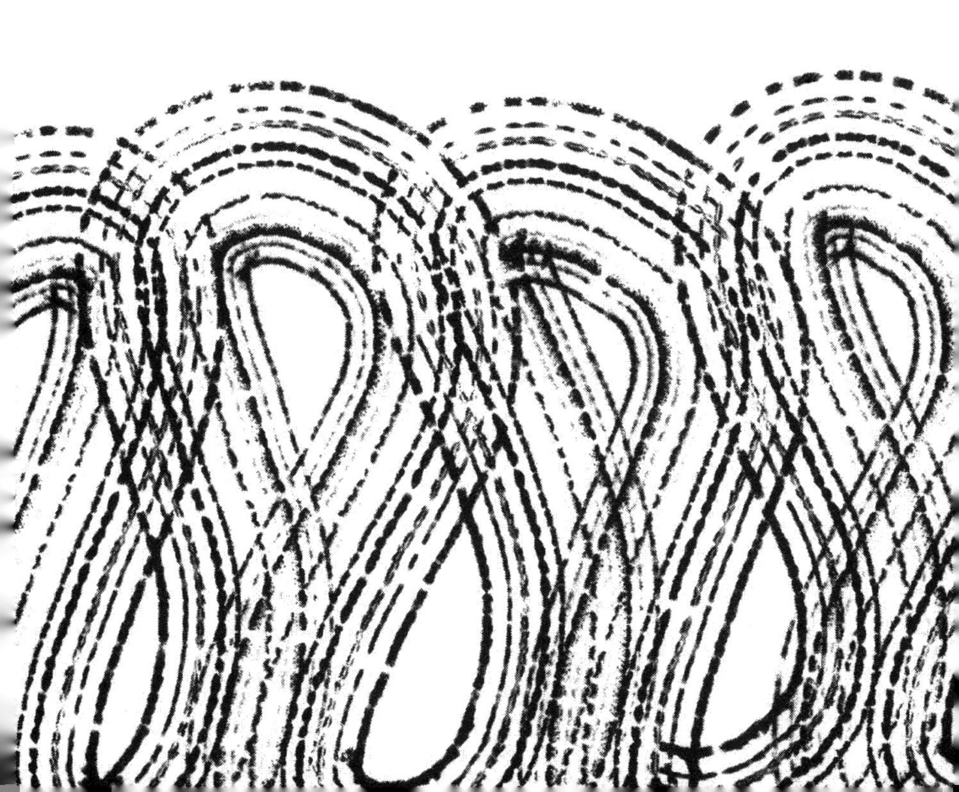

Imagínate:

haberme tenido dispuesta a todo

y luego enfrentarte al hecho de que para mi

ya no significaras nada.

"Tomaron caminos distintos"

"Tenían metas diferentes"

"Sus prioridades no estaban alineadas"

Frases que jamás podrán resumir el hecho

Que eres de aquellos que tienen una ambición tan grande de tenerlo todo

pero sin la capacidad de poder sostenerlo

- *¿Ya te sientes completo cariño?*

¿Será que ya no me querías?

¿O que te resultaba insoportable imaginar una vida sin mí?

Sin importar cual fuese la respuesta,

lo cierto es que no podías desprenderte de lo bueno que yo te daba

pero al mismo tiempo no podías mantenerme,

como aquel niño que no le alcanzan sus 5 pesos para unas papas de 10.

Son deliciosas y exquisitas,

pero no podías darte el lujo de tenerme

sí ni siquiera tenías algo que ofrecerme.

Y no cariño,

no me refiero al dinero.

- *La importancia de ahorrar*

Ya no me podía amar menos que esto,

ya no podía soportar que me dieras menos.

Que nada fuera suficiente para ti

y sin embargo debía confórmame con tus migajas,

las cuales llamabas "esfuerzos".

Así que por fin te deje:

con tu plato lleno

pero vacío de mí.

Por eso me duele tanto verte.

Porque al ver tu cara recuerdo

todo aquello que fuimos y pudimos haber sido,

pero no fue.

Me dijeron mis amigas que te encontraron en Bumble

con aquellas fotos que yo te tomé,

una descripción impecable sobre ti,

con ganas de que se supiera tu disponibilidad ante las otras.

Y yo me pregunto cariño:

¿Cuántos perfiles deslizarás a la derecha

buscándome en ellas…?

-Match

No voy a negar que a veces pienso en ti

y en la vida que pudimos haber tenido juntos,

si es que no hubieses sido un completo idiota.

Al principio cuando terminamos no me sentía enojada, molesta o resentida.

Pero pensándolo bien…

¿Cómo podías pasar días enteros sin hablarme?

¿Cómo jamás sabías que decirme cuando estaba triste?

¿Cómo podías verme llorar y negarte a darme un abrazo?

Pensándolo bien,

¡Chinga tu madre!

Y si, me quede.

Me quede para que sintieras el dolor

de estar contigo, pero ya no ser tuya.

A *veces me pregunto qué hubiese pasado con nosotros.*

N*unca me hubiera imaginado no estar contigo.*

D*esconocidos.*

R*epitiendo los momentos juntos en mi cabeza.*

E*ncerrada en una idealización de ti.*

I*maginando que podrías ser aquel con el que yo me quedaría.*

- *Encriptado*

Aprendí que las canciones de amor ya no se trataban de ti,

la sinfonía no iba con la experiencia de estar a tu lado,

o si quiera tomarte de la mano.

Así me desprendí de ti

en silencio,

sin nada tocando de fondo,

un rotundo final

que aniquilaba todas aquellas canciones de amor

que algún día te dedique.

- *Coda*

Pensé que tu amor iba a ser suficiente para amarme a mí misma.

Pero resultó ser que la falta de tu amor,

hizo que tuviera que hacerlo por mi cuenta.

- *Autodidacta*

Pienso en ti y un extraño sentimiento de nostalgia se apodera de mi cuerpo,

aquella nostalgia de pérdida.

Sentir que te perdí en mis ideas sobre ti,

en el pedestal que un día te puse para justificar lo injustificable

y poder amar aquello que no me amaba a mí.

Por ello la nostalgia no es del hecho de siquiera extrañarte,

sino de extrañar aquello que sentía por ti, pensando que en realidad te amaba.

- *Autoengaño*

Estoy en esa etapa,

a la cual llegan todas mis relaciones

donde me siento, pienso y analizo

que tarde o temprano me quedaré aquí,

esperando.

Esperando a que poco a poco,

pierda todo mi interés y amor por ti.

Codiciando un nuevo amor,

que acabará con la misma historia.

- *Círculo vicioso*

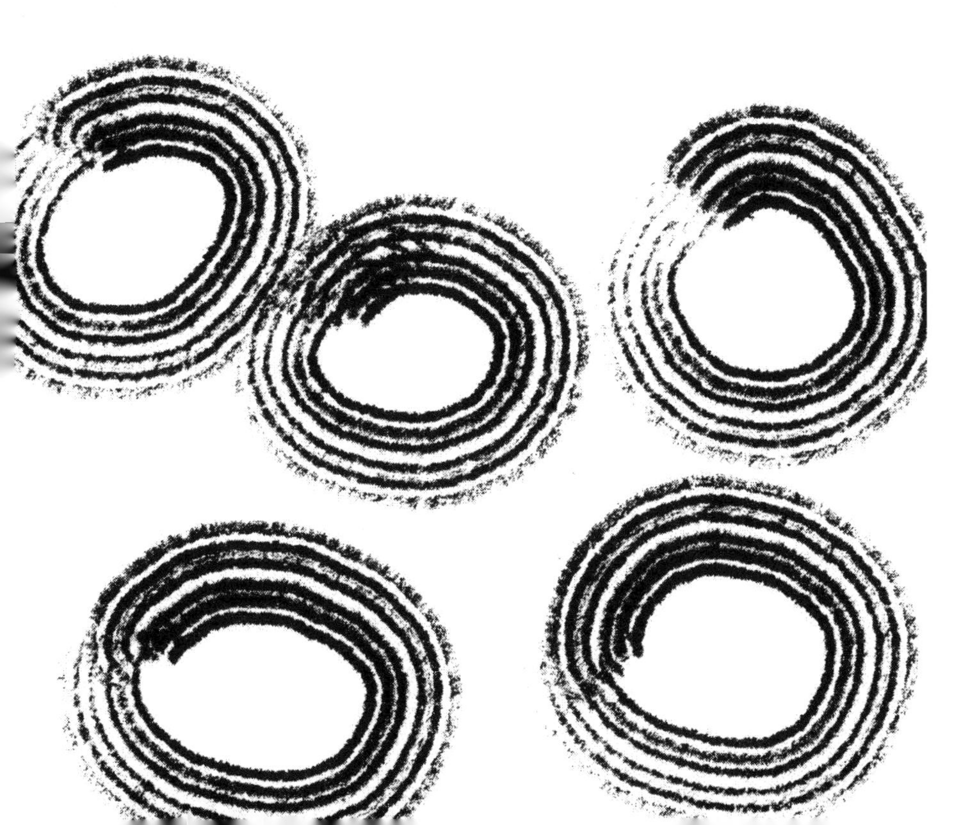

Y testigos fuimos todas de tu poca disposición,

tu actitud demandante

y tus palabras de victimización.

Como si fuéramos tan ingenuas como para no darnos cuenta

que la amistad no puede ser fingida y mucho menos dispuesta a conveniencia.

Que las verdaderas relaciones se crean con un poco de madurez

Y que al final del día

¿Quién es verdaderamente amigo en la medida que no sabe aceptar sus errores?

Donde el ego gana hasta aquellas batallas que deben ser perdidas.

-1

Imagínate:

Ser tan brutalmente egoísta como para perder una amistad,

negar tus errores y hacerte la víctima.

Tú solamente imagínate

aquello que es destrozar años de confidencialidad, lealtad y cariño,

porque no has sabido lidiar con tu dolor

y proyectas tus inseguridades

en nuestra relación.

Tu error más grande no fue perderme,

sino pensar que jamás me iría.

Y tal vez te perdí en un adiós,

o en el último beso que nos dimos.

Incluso meses atrás antes de terminar nuestra relación,

o la primera vez que discutimos.

La verdad es que perderte

significó perder aquel último romance

donde me abandone a mí misma

para no abandonarte a ti.

-Perderme en ti

Supongamos que sí hubiese funcionado.

Pero,

¿cómo hubiese conocido al amor de mi vida si siguiera estancada contigo?

- *Etapas*

No me molestes más con tus silencios indescifrables,

seguido por un balbuceo de aquellas cosas que crees que quiero escuchar.

Déjame ya vivir con la idea de que esto en realidad no iba a funcionar.

Porque algo que nunca pudiste otorgarme fue honestidad.

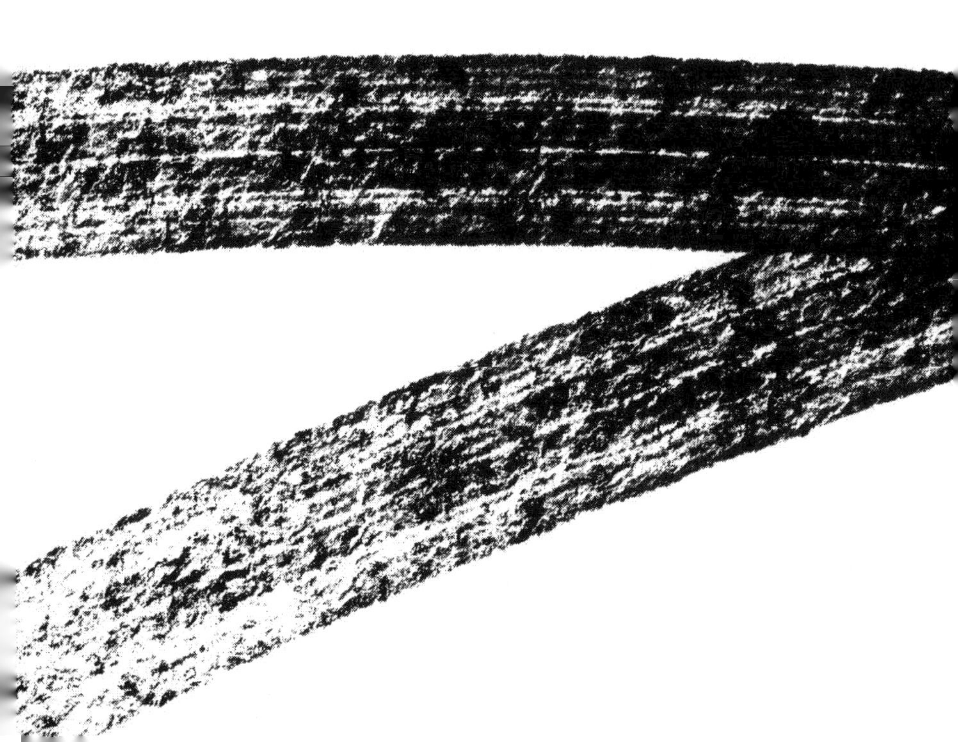

Pensé que ya no estaría enojada contigo,

que superarte significaría ser indiferente ante tu recuerdo.

Que ya no pensaría en ti por las noches,

cuando estoy acostada en mi cama

viviendo mi nueva vida con mi nuevo amor.

Y es aquí cuando me detengo a reflexionar respecto a que casi eras tú mi futuro marido,

mi futuro compañero de vida

y no estaría en esta situación.

Donde me encuentro completamente feliz con alguien más

y otra vez tú rondas por mi mente.

Pero me sigue doliendo

que, de algo tan hermoso,

terminamos nuestra relación entre silencios y llantos.

Alejándonos como si no hubiéramos pasado casi 3 años juntos,

negando todos los momentos hermosos que tuvimos

donde eras el causante de mis sonrisas.

Lo que me molesta no es el hecho de que fuiste un egoísta o que no hiciste las cosas a tiempo,

tampoco que ya era muy tarde para cuando te decidiste por mí

y estabas listo para entregarme todo lo que algún día te pedí con lágrimas en los ojos.

No,

lo que me enoja no fue tu falta de tiempo o iniciativa.

Lo que me molesta es que estoy hoy durmiendo con mi nuevo amor

aterrada de que en algún momento él se convierta en alguien como tú,

Un completo extraño,

un desconocido de mis caricias,

un extranjero de mis besos.

Ni siquiera es que piense que en realidad él vaya a ser un completo idiota como tú.

Simplemente me quede con la herida

de lo que se siente amar a alguien y no ser correspondida.

Teniendo este maldito mecanismo de defensa que cree contigo

para situaciones que ya no existen.

Un escudo que fue construido especialmente para ti,

que me cuesta quitarme incluso hoy.

Porque aquello que no te pude dar,

la llamada "indiferencia"

no fue el resultado de olvidarte,

sino esta armadura

que jamás pude quitarme.

- *Batallas por la noche*

Y así deje de quererte:

no fue algo repentino,

de seguro mucho menos predecible.

Solamente así,

poco a poco

deje de soñarte,

deje de buscarte,

deje de enojarme,

deje de amarte…

Poco a poco

me fui alejando

con toda la conciencia de que lo estaba haciendo.

Tampoco me detuve

porque sabía que ésta era la única forma de poder dejarte,

poco a poco.

- *Pequeños pasos*

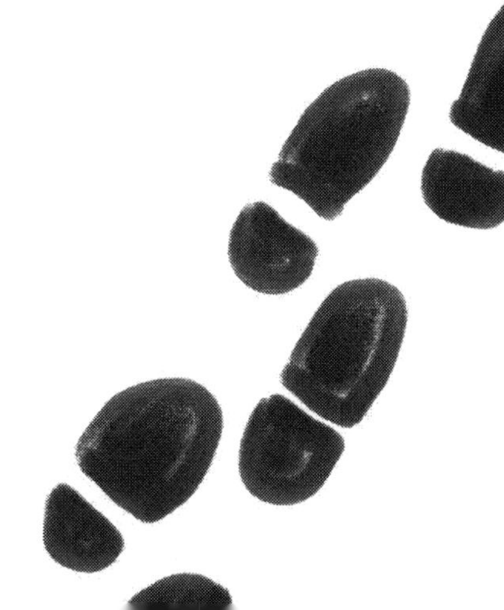

Me rio,

me suelo reír a carcajadas cuando recuerdo

que compramos una cama juntos,

la cual al final tú te quedaste.

Y suelo imaginarme cómo llevas a otras mujeres al mismo lugar donde tú y yo hacíamos el amor.

Y, ¡ay querido…!

¿Acaso ya habrás lavado las sábanas?

¿Cambiado la funda del colchón?

¿O remplazado las almohadas?

Porque me resulta risible pensar

que esa cama todavía lleva mi olor.

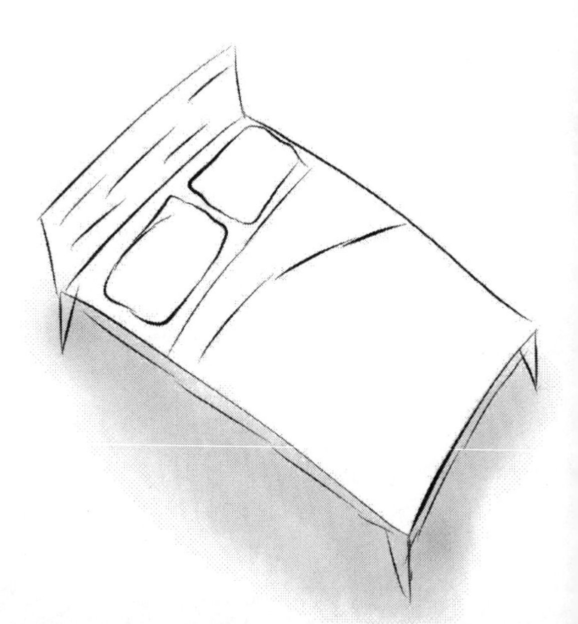

Y no es que te desee lo peor,

de hecho, espero que logres todos tus sueños,

que todo ese esfuerzo haya valido la pena.

Porque al final,

la soledad sí te sentía bien.

Cuando no sabías apreciar mi compañía.

Así que disfrútalo,

gózalo,

sal,

fuma si es lo que quieres.

Pero creo que tendrás que hacer todo eso de ahora en adelante

sin mí,

como lo buscaste,

solo.

Me gustaría que estas líneas fueran para todas ustedes,

para aquellas que admiré en secreto

pero que pretendí odiar para alimentar mis inseguridades.

Al final ustedes no tenían la culpa de haber estado con mis parejas actuales,

mucho menos llegar a amarse entre ustedes

y compartir momentos irremplazables con mis amores.

De hecho, creo que todo esto fue mi culpa,

pensé que al ser mejor que ustedes me iban a amar más,

que si podía parecerse lo nuestro a lo que algún día ustedes tuvieron

iba a poder probar que yo si era la indicada.

Pero ¿por qué hacernos esto?

¿Por qué competir?

¿Medirme?

Con mujeres que fueron maravillosas e hicieron en algún momento a mis parejas felices.

¿Por qué negar un pasado?

o ¿pensar en superarlo para asegurar mi presente?

No,

este no era su trabajo y tampoco el mío.

Porque ustedes habrán tomado caminos distintos por diferentes razones,

y eso no las hace ni más ni menos,

ni mejores ni peores.

Simplemente nos hace mujeres

que algún día amaron y fueron amadas,

que rompieron sus corazones o los rompieron ustedes también,

que a unas nos funcionó y a otras no.

Pero eso no nos convierte en enemigas

y mucho menos en puntos de comparación.

Por eso me atrevo a decirles el día de hoy

de la manera más honesta posible

que las admiro.

Porque no es posible situarme en un mundo con mujeres que compartieron a mis amantes sin poder encontrar empatía en sus historias

o si quiera verme reflejadas en ustedes.

- Para las ex´s de mis parejas

Honestamente me cansé de escribirte,

ya no tengo más cosas que decirte

o rencor que guardarte.

Pero parece que mis líneas en blanco aún esperan un mensaje en tu dedicatoria,

como un:

"Te amo papá"

"Te extraño"

Pero sería mentir dentro de mis escritos,

engañarme y hacer lo que tú quieras que haga.

Hacerte sentir mejor con tu conciencia,

haciéndote pensar que lo que hiciste no fue tan malo

y que todos tus pecados quedan expiados.

No es como que yo tenga el poder ni la obligación de hacerte sentir menos culpable

y tampoco de mantener una relación que por sí sola ya estaba quebrada

o fingir que eres parte de mi vida

cuando te aseguraste de no mostrar ninguna empatía o interés por mi.

Porque fuimos dos personas con un pasado en común,

incluso compartirnos la misma sangre.

Pero ya no hay una nueva historia que escribir,

y tal vez por eso escribo de ello.

Porque tenía un libro entero en blanco para nosotros

al cual le arrancaste todas las hojas.

Y pensar que no esperé ni una semana para andar con otra persona,

pero si me hubieses visto llorar durante un año entero por ti;

entenderías que mi decisión no fue para nada precipitada,

sino tardía.

Espero que a tus siguientes amantes las hagas sentir amadas,

que les des la prioridad que merecen

y el tiempo que necesitan.

Que no dudes dos veces en hacerles saber que te decides por ellas,

y que las hagas sentir las mujeres más especiales de este mundo.

Porque me rehúso a pensar

que toda nuestra historia

solo fuese a repetirse con alguien más

y entonces,

hubiese sido en vano

todo nuestro amor.

No puedo dejar de soñarte,

lo cual detesto porque ya no estoy contigo,

como si hubiese quedado algo inconcluso entre tú y yo.

Sé que preguntas por mí,

como si te hubieses quedado con las ganas de decirme algo

pero, el teléfono nunca suena con un mensaje tuyo,

mucho menos una llamada,

lo cual me molesta en demasía.

¿Cómo es posible que ese día que te dejé no dijiste nada?

3 años juntos y solo un abrazo de "voy a extrañarte"

sin palabras, sin gestos.

Solo un silencio inquebrantable de la ausencia de nuestra relación.

Odio pensar que para ti en realidad no signifique nada,

o que tal vez no éramos el uno para el otro.

Pero ya a estas alturas parece que todo eso no importa;

pero si, a mí sí.

Me importa saber qué sucedió

no me hablaste nunca más

y me quede con la incertidumbre

de si tu sueñas conmigo,

como yo lo hago contigo.

- *¿Nunca más escucharé tu voz?*

Sé que nunca me leíste cuando estuvimos juntos

y mucho menos ahora que llevamos meses sin hablarnos.

Pero si de casualidad te topas con este libro

y encuentras entre estas líneas algo para ti,

te preguntaría honestamente:

¿Por qué nunca llamaste querido?

Para esta parte del libro

lo más probable es que pienses que te fui infiel.

Que te engañé todo este tiempo y no fui honesta contigo.

Cuando en realidad

amor,

mi corazón ya no te pertenecía.

Hacía meses que estaba agotada,

drenada de nuestra relación

y por fin llegó alguien que me hacía sentir viva,

apreciada,

amada,

admirada...

Mientras que contigo

sentía como mi luz se apagaba

Mis sueños se veían opácanos por los tuyos

y mi libido iba decayendo conforme pasaban las noches a tu lado.

Entonces sí,

tal vez jamás te engañe físicamente.

Nunca me besé con otro

o tuve intimidad en una cama ajena a la nuestra.

Pero ¡ay querido mío…!

¿Cómo él obtuvo mi corazón cuando se suponía que era tuyo?

Me queman las ganas de escribirte y ponernos al día,

hablar de todo aquello que ha pasado en nuestras vidas

y poder imaginar cómo hubiese sido el futuro juntos.

Pero la realidad es que solo te he podido mandar una canción

para tratar de expresar con una dulce melodía

que, aunque lo nuestro haya acabado

yo sí te quería.

- *Jaded*

Me gustaría pensar que no todos los hombres son iguales,

sino que les hace falta creatividad para expresar de una manera más original

su idiotez.

Ese es el problema de extrañar a las personas que cambiaron:

que estando con vida,

ya no existen.

Es extraño como los hombres suelen hablar en contra del feminismo,

cuando ellos mismos sufren las consecuencias del machismo.

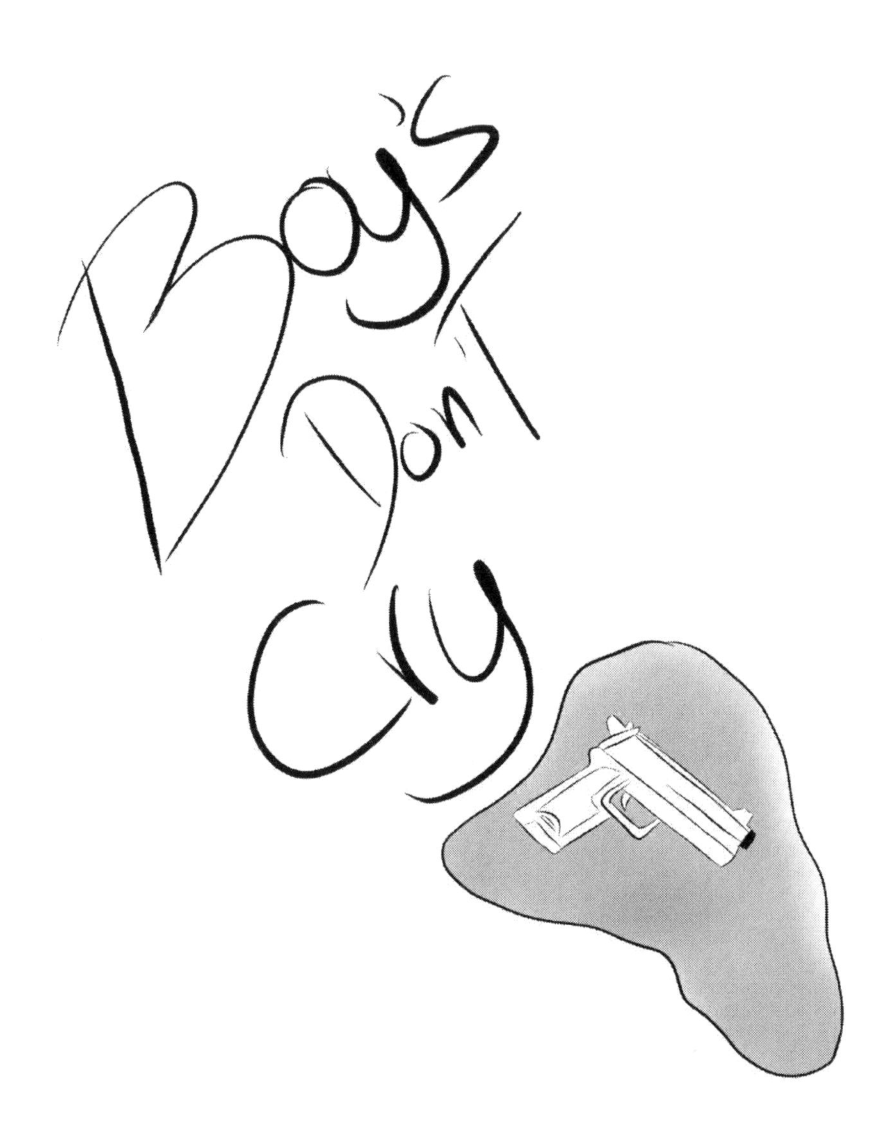

Era muy bueno para ser verdad,

muy rápido como para funcionar

y muy hermoso para durar.

Y pensar que un día

no podía ver los mismos sin ti.

No sé si soltarte ha sido lo más difícil de esta relación

o el haberme convencido a mí misma de que jamás lo haría.

Y otra vez estamos tú y yo aquí,

al final de estas líneas.

Recordando a todo aquel qué pasó por estas páginas,

preguntándose el porqué

no llegaron al desenlace.

Peonias

Para el Amor

Parte 1

Si el amor fuera un campo de batalla que tuviera que enfrentar contigo,

no tendría dudas en agarrar mi espada para luchar a tu lado.

Ya no tengo ganas de escribirte amor.

No tengo ningún deseo de volver a leer una carta tuya

o aferrarme a la idea de que estas serán únicas.

Me siento tentada a expresarte lo que siento,

a descubrir mi alma ante ti y que hagamos el amor entre líneas.

Pero he de decirte que desconsolada me encuentro,

arrebatada de algo tan íntimo y personal como son mis escritos hacia tu persona.

¿El escribir se ha vuelto algo tan fútil?

¿Un método más de seducción?

¿Otra artimaña para hacerme sentir especial entre las millones de cartas dedicadas?

Tal vez y ahora en adelante solo te escriba para mí,

donde algo tan personal ha sido tan común para ti,

tan usado,

tan gastado.

Será que para mí
pierde el sentido de
tus mensajes el hecho
de que contengas
escritos de otras
amantes,

como si se perdieran
o borraran mis
palabras en el correo
postal de tus
recuerdos,

como si esta solo
fuera otra carta que guardarás junto a las otras.

Siendo ilusa pensando que este acto de amor solo podría hacerse entre nosotros,

aislados de todo intento cotidiano de intimidad.

Las cartas se han prostituido en las esquinas de tu mente,

desgastando mi lápiz en otra carta que no tendrá trascendencia,

en otra dedicatoria que va de piel en piel.

Como si compartiera tus besos y ya no fueran míos,

como si tus brazos que han abrazado a otras personas ya no me generaran calor,

como si la tinta se desvaneciera en el papel,

y ésta se volviera otra carta entre las millones de cartas,

otra dedicatoria tuya llena de distintas historias.

¿Qué tu pluma no está siendo demasiado utilizada?

¿Qué tus palabras no guardan un poco de fidelidad?

Me siento ofendida,

como si aquellas palabras que un día me hicieron sentir especial,

ahora me recuerdan a tus otros amores.

Ahora me siento ordinaria.

Ya no quiero que me escribas más,

no quiero leer otra carta tuya.

Sería como dedicarte las mismas canciones o bailar el mismo vals:

Típicamente compartido,

comúnmente usado,

otra de las muchas,

una nueva historia contada con la misma pluma.

Prostituir palabras.

Como si ya no significaran nada.

- *Líneas en blanco*

Ojalá pudiera dejar de compararme con ellas.

No estar en competencia con tu pasado

y aceptar que ahora soy tu presente.

Que simple pareciera hacerte preguntas sobre tu pasado,

aceptar que tuviste una vida antes de mi

y que nada de eso importa porque a mi lado estás ahora.

Sin esta estúpida necesidad de pensar que tus experiencias pasadas fueron mejores que nuestro presente

y que no importa el ayer cuando el futuro es lo que nos viene.

Desapegándome de la idea de amarte

por el simple hecho de que tengo miedo a perderte.

Me ayudaría saber todo o nada de tus relaciones pasadas,

mucho o poco,

morirme de sed o ahogarme en ti.

Porque al final del día,

no existen puntos medios cuando de intentar todo se trata.

Para aprender a estar contigo

sin el miedo de tu partida

o la incertidumbre de tu silencio.

Lamentable estar en esta situación contigo.

Que estando en los rincones de mente,

te encuentre tan lejos de mis manos.

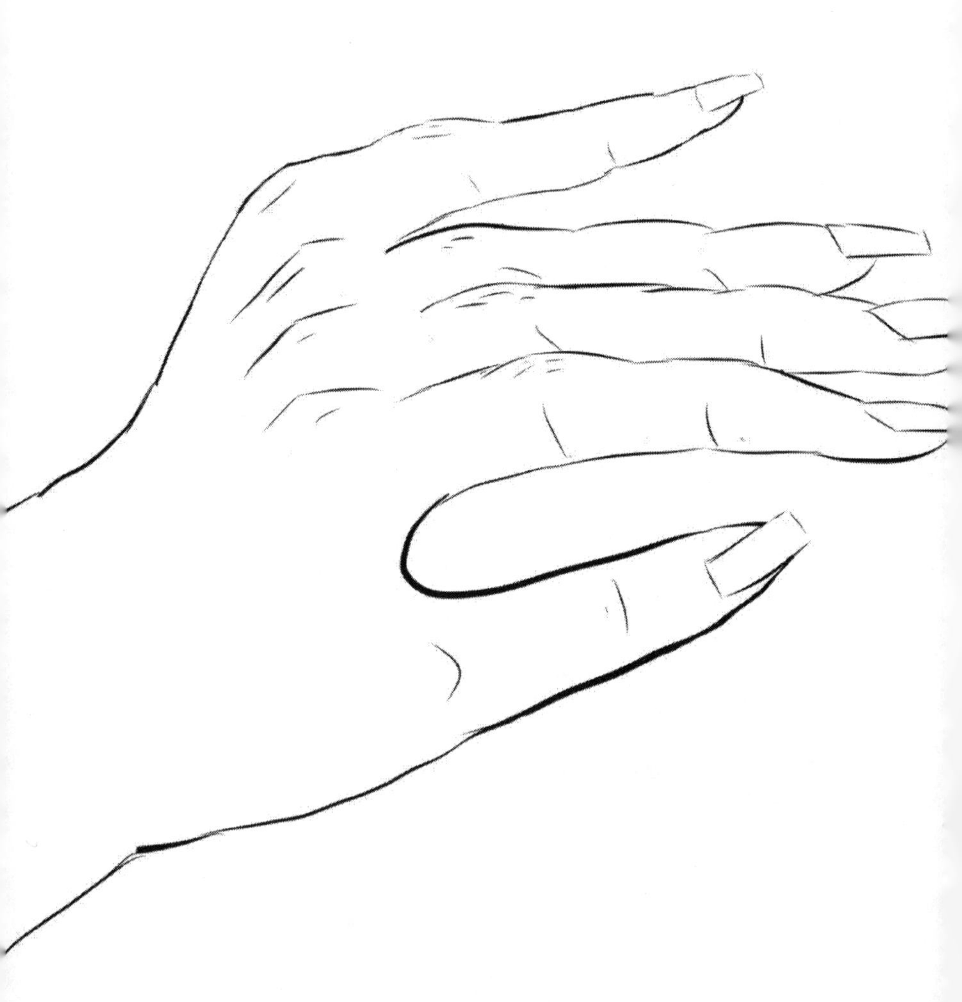

Creo que no sé cómo dejarme ser amada

por un corazón como el tuyo

-Ignorancia

Considero que es mejor alejarme,

dejarte atrás y olvidar nuestra historia.

Erradicar nuestros recuerdos juntos

y aniquilar las expectativas del futuro.

Porque me es imposible sostener un amor

al cual no estoy acostumbrada.

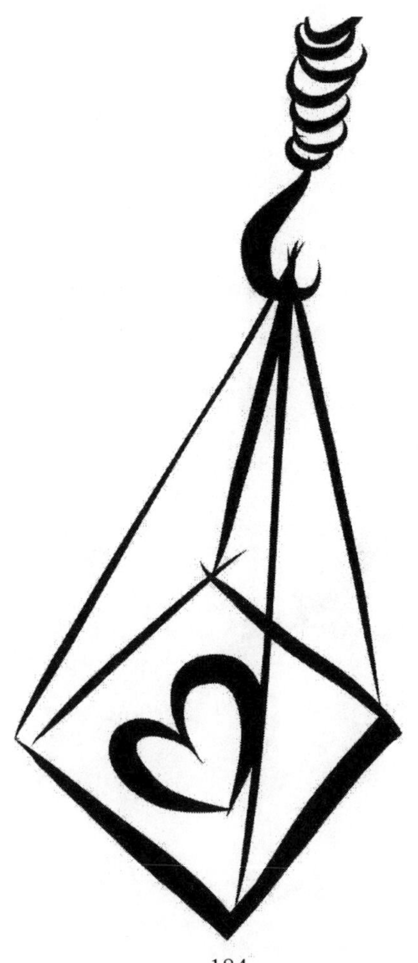

Lastimosamente fue en tu cumpleaños,

lo arruine.

Tenía todo un día preparado a tu lado;

un pastel,

unos globos,

una comida hecha en casa para dos,

hasta le puso gorro al perro para celebrar tu nacimiento.

¿Y qué fue lo que termino pasando?

Que mis miedos lograron ser más grandes que mi amor por ti,

que mis inseguridades opacaron el día con la duda

y que al final de la noche

en vez de estar haciendo el amor,

me cayera en llanto hasta quedarme dormida.

¿Por qué nos hago esto?

¿Por qué alejo toda la posibilidad de un amor verdadero?

Al final podré llegar a ser como una de tus novelas rusas:

aquella mujer que no saber ser amada

y aleja a un gran prospecto porque no se cree digna de su amor.

Y aquí es cuando reflexiono:

que en realidad

la idiota soy yo.

-La Idiota por Michelievski

¿Si me amarás tanto como dices?

o es que aún no nos conocemos lo suficiente.

¿Si sentirás tanta atracción por mí?

o es que simplemente tus niveles de serotonina suben cuando estás conmigo.

¿Acaso será tan importante para ti como lo mencionas?

o soy la chica del momento.

¿Será que creo todas estas excusas para poder alejarte de mí?

para ya no tenerle miedo al hecho de que un día te vayas.

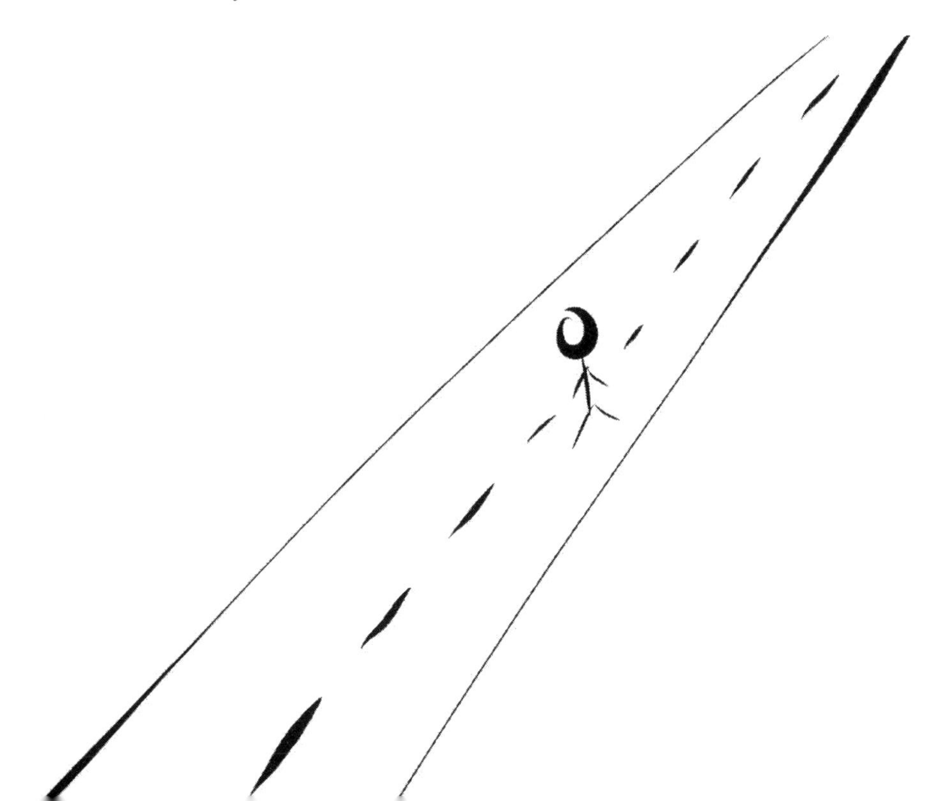

Lamento hacer esto;

llegar tan lejos contigo para luego huir de nuestra relación,

habernos desvelado en las noches hablando del futuro,

y a la mañana siguiente negando en mi corazón aquella posibilidad.

Lamento no saber estar a tu lado sin el miedo de que te vayas,

porque prefiero ponerle una armadura a mi corazón antes de que lo lastimes.

Así que prefiero herirme yo misma,

convencerme de que lo nuestro acabará antes de tiempo

para no lidiar con el hecho de qué tal vez dejes de quererme.

Porque al parecer el simple hecho de que exista la posibilidad de que eso ocurra

Es suficiente para empezar a autosabotearme.

Y te escribí un libro entero solo para mí

donde mis cartas ya no te llegan,

mis mensajes se pierden entre tus cuadernos

y mi corazón late cada vez menos por ti.

Nuestro amor ya no es para mí auxiliador de virtudes,

sino que siembra la inseguridad y la sospecha

de no saber en qué momento volveré a encontrar otras cartas

de otras personas,

de otras amantes

con otras dedicatorias.

Encerrada en la normalización de tus sobrenombres

que como buena unitalla le quedan perfectas a cualquiera que se las pruebe.

Nada diseñado especialmente para mí,

mi silueta,

mi sonrisa.

Siento que ya el escribirte es tan burdo,

al igual que tus cartas.

Ya no me acuerdo cuál fue la última vez que recibí una de ellas,

o si quiera que te dignaste a agarrar el papel y escribirme una nota,

un mensaje

en que me hablaras de la manera más personal e íntima posible.

A sabiendas de que jamás será especial

algo que no comenzó conmigo

y tampoco acabará en mí.

Creo que cometí un grave error

al mudarme tan pronto con alguien

que profanaría mi nuevo hogar

con recuerdos ajenos a los nuestros.

Me pregunto si es real

que puedas amarme tanto,

escogerme todos los días,

desearme todas las noches,

admirarme por quien soy,

alentarme a convertirme en una mejor versión de mí misma,

ser paciente con mis problemas,

atender mis necesidades,

escuchar mis padecimientos,

y lavar todos mis males.

Me pregunto si es real

que alguien más pueda amarme

así como tú lo haces.

Si algún día podré amarme

como tú.

Quisiera poder tener fe

en que el amor dejará de ser doloroso y agobiante,

desgastante y aburrido.

Aquí donde todo comenzó,

acabará como el fuego prendido a medianoche,

que poco a poco se va consumiendo a sí mismo

hasta no dejar rastro en que hubo un momento

donde había calor.

No sé cómo amarte sin sentirme insegura respecto a si tú lo haces también.

Planeo mi vida a tu lado

como si todavía no tuviera esa pequeña
ventana dentro de mi cabeza

que me indica que tarde o temprano,

terminaré arrebatándome la vida

y todas aquellas cosas que construí contigo.

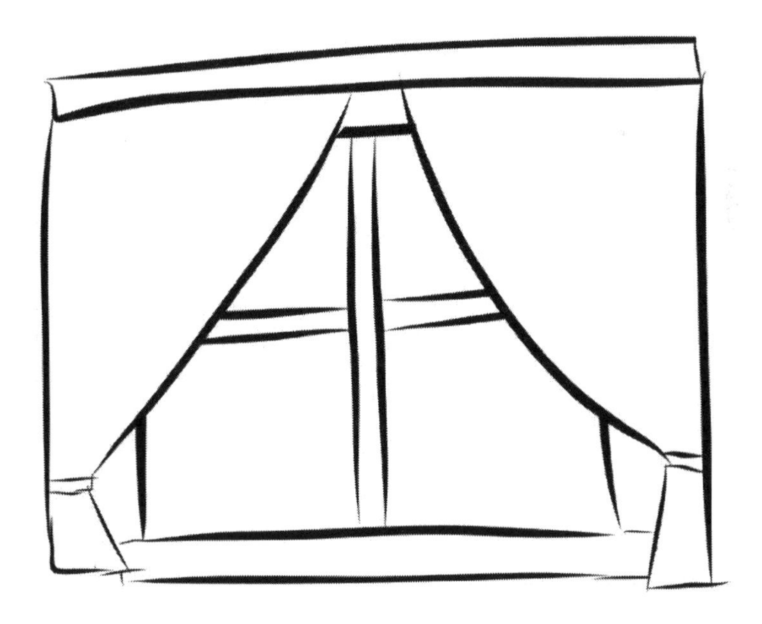

Significas para mí el futuro,

aquella cosa que llena de sentido mi pasado

y me despierta cada mañana.

Como aquella brisa que corre por tu rostro

cuando te menciono todos los planes que tengo para nosotros.

Como si estuviera construyendo un mundo paralelo contigo,

donde ya no existe aquella persona horrible que me considero,

aquella que no se autosabotea

o te deja en el medio del camino en carretera.

Como si pudiera
lograr aquel futuro

que trabajo
arduamente por
destruir.

Encuentro desgastante pensar

que no vas a poder con mi dolor

y sea tan estúpidamente catastrófico,

que arruine tu propia felicidad.

En el intento de hacerme sonreír,

cuando ni yo misma me encuentro capaz de vivir.

Que a veces no tengas nada que decirme
cuando me sienta mal,

me hace pensar qué tal vez todas mis parejas

ya no encontraban un lenguaje,

o nueva forma de comunicación

para poder lidiar con mi tristeza.

Titubeó en mandarte estas líneas

en las que por un lado anhelo tu regreso,

pero por otro,

desprecio tu partida.

Pensaras que todavía me pregunto si en tu memoria habrá alguien más bonita que yo,

un cuerpo más satisfactorio al tacto

o una voz más fina que la mía que te haya susurrado al oído.

Ridículo seguir preguntándome estas cosas

cuando soy yo la que te acaricia todas las noches,

yo la que te quita tu aliento y la que despierta deseo en ti,

aquella que te escucha y se interesa por tu vida,

la que te impulsa a salir adelante y dibuja una sonrisa en tu rostro,

la que te deja soñar y se apunta para todos los planes,

aquella que te escucha sin juzgar y te abraza cuando te encuentras melancólico.

Tonto pensar que esos recuerdos siguen latentes en tu memoria mientras estás a mi lado,

pero a veces no suelo dejar de cuestionarme y dudar

que tal vez todo es un engaño,

que será como las mismas historias anteriores donde no superan su pasado

y yo seré el autobús de paso entre una relación a la otra,

la "mientras tanto" del momento,

o aquel trofeo que le pueden enseñar a sus pasadas amantes para morirse de celos y querer regresar con ellos.

Pero veo ya que todo esto que estoy escribiendo es un absurdo

y no es más que una inseguridad de mi parte que me alerta

para que me vaya huyendo
a la más mínima
provocación.

Inventando historias en mi cabeza para protegerme y convencerme que

"eres igual que todos"

y que no hay nada que yo pueda hacer para evitarlo

o si quiera para que veas
lo valiosa que soy.

Cuando en realidad tú,

tu amor mío me has demostrado todo lo contrario.

Que no debo de preocuparme porque todos los días me demuestras que soy yo,

que en realidad la que está haciendo la comparación

para ya no sentir más dolor

Termino siendo yo.

- *Proyecciones*

Detesto sentir que no merezco un amor como el tuyo.

A veces me siento incapaz de poder contener todo tu amor,

como si fuera un recipiente lo suficientemente pequeño

para poder cargar con todo lo que me das.

Y no me mal entiendas amor mío,

esto no tiene nada que ver contigo,

ni con la idea de que tu amor no es suficiente.

Simplemente a veces me suelo sentir

como la que no es suficiente

soy yo.

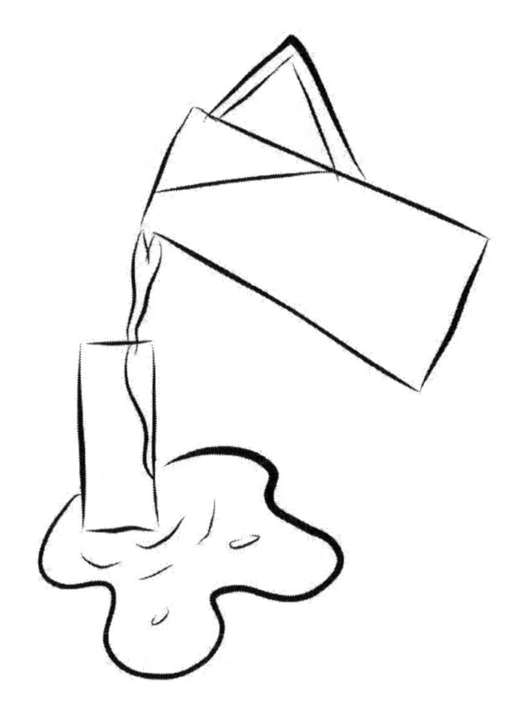

Y no paro de escribir fantaseando que lo nuestro va a acabar,

teniendo reflexiones preparadas para ese día.

Como si esto significara que estoy lista

para en algún punto dejarte ir.

Parte 2

Pero todo campo de batalla tiene sus flores,

aunque de amor se trate y no siempre sea un prado verdoso.

Encuentro las peonías en el camino,

aquel que me lleva a ti.

Ayer soñé contigo de nuevo,

no dejas de aparecer a las 2:00am

cuando ansío tus labios o tus manos entre mis piernas.

Suele ser curioso el hecho de que no dejo de pensarte,

o será la extraña sensación de no querer dejar de sentirte.

Como si fuera adicta a tu cuerpo,

como si encendieras en mi aquella llama que solo podrá ser apagada con el deseo,

deseo de tenerte aquí a las 2:00am

cuando estás ausente en cuerpo,

pero presente en mis sueños

- *Noches sin ti*

Pensar en ti se ha vuelto mi nuevo hobby,

como tocar la guitarra o tejer una bufanda.

Pensar en ti es como saborear de nuevo el café de las mañanas,

aquel elixir de vida que utilizo para despertar y comenzar bien mi día.

Por las tardes me llega una imagen de nosotros en tu cama

abrazados, viéndonos el uno al otro y rozando nuestros cuerpos.

Así te has vuelto mi mayor fantasía al medio día,

aquel break necesario entre líneas.

De noche anhelo soñar contigo,

descubrir nuevas historias a tu lado y construir un futuro.

Pensar que jamás vamos a soltarnos,

esperando tocar tu cuerpo o sentir tus labios.

Pensar en ti como si nunca te hubieses alejado.

Pensar en ti como si no fuese lo único que hago

Será tu coraje ante la vida que me deja perpleja:

un corazón gigante que precede tu fuerza,

valiente de espíritu y grandeza de ideas.

Es lo que pienso cuando quiero hablar de ti.

Ojos tristes con sonrisa carismática

como si saborearas la amargura de la vida en las comisuras de tu boca,

pero con un ímpetu implacable.

Admirable he de encontrar tu condición:

salvaje de mente y dulce en corazón,

como si el peso del mundo pudieras cargarlo en tus hombros

y soltarlo en las noches con una carcajada.

Una historia se encuentra en tus manos

aquella que trazas con la guitarra,

suenas en mi a volumen alto,

porque capacidad tienes de despertar mi canto.

Quisiera enfrentarte a tu espejo,

gritarle la magnitud de tus sueños,

que estos no fueran destrozados por tus lamentos,

despertar en ti esa llama que llevas dentro

para que quemes toda la ciudad con tus dedos.

Que escribas hasta ya no poder más

para ya no dejar rastros de tus dudas.

Que eres valiente y que tienes un corazón gigante.

Que sientes con fervor y gritas con tus manos.

Que despiertes al mundo entero.

Que te conviertas en mar y te lleves todo lejos.

Que con coraje subes las montañas

y con paciencia tomas la vida.

Que jamás te quedases callado

aun cuando no seas escuchado.

Que no importa la historias que nos contamos siendo derrotados

porque la derrota es algo a lo cual te has enfrentado.

Que hemos padecido y hemos llorado.

Que te has desgarrado.

Que has dudado,

dudado de ti,

dudado de aquella historia que te contaste.

"¡Despierta!" diría yo.

"¡No te dejes abatir por un mundo injusto

pero tampoco te vuelvas indiferente a su llanto.

Llora con él,

llora conmigo,

llora hasta que tus lagrimas nos ahoguen a todos.

Abandona el barco y confróntate con el mar

porque es la única forma que tendrás de poder ver tu grandeza,

En lo profundo de la desesperanza,

en las cimas de la desesperación,

entre el llanto y la risa.

Monta la vida con tu gran corazón.

Demuéstrate que estas hecho para grandes cosas.

Elévate hacia lo más alto como si jamás te hubieras caído.

Saca la pluma y la hoja:

escribe, llora, grita, toca, corre, sonríe.

No prives al mundo de tu grandeza.

No apagues tus sueños.

No seques tus ojos o cierres la boca.

No dejes de incendiar el mundo con tu presencia"

Y esas... son las cosas que pienso cuando pienso en ti.

Escuchando canciones de amor me di cuenta que de ti se trataban todas.

Si mi vida jamás se hubiera cruzada con la tuya, ni siquiera sé si este libro hubiera existido.

Construiría pirámides y rascacielos.

Inundaría a una ciudad entera.

Incluso destruiría todo en tu nombre,

con tal de no quedarme callada o inmóvil

ante el hecho de que te amo.

¿Como volver a escribir algo que no tenga que ver contigo?

Cada pedazo de mi se une con tu presencia,

como si tu voz grave y tus ojos tristones unieran mis partes como un rompecabezas.

El arte de estar desnuda contigo es que

no me sienta en pedazos, rota o acabada.

Como si mis grietas se unieran con tus caricias

y mis heridas sanaran con tus suspiros.

¿Es así como debería sentirse el amor?

¿Completo?

Donde no tengo que quebrarme en pedazos y, estar desnuda ahora es solo un juego.

Dejando atrás el miedo a mis demonios y enfrentándolos a tu lado.

¿Acaso el amor ya no es sentirse sola?

Tal vez por eso debía quebrarme en millones de piezas,

para no sentir la ausencia de la persona amada,

jugar con mis partes y hacer castillos de mis ruinas.

Pero ya no me siento arruinada amor, ya no me siento rota y sola

como lo hacía en mis pasadas relaciones

¿Acaso así es como debería sentirse el amor?

Completa.

Ambos hermanos eran doctores:

uno se encargaba de engrandecer el ego de los hombres

y el otro en la grandeza de las ideas.

El primer doctor salvaba vidas con sus propias manos y conocimientos,

mientras que el otro llenaba la vida de sus alumnos con reflexiones y cuestionamientos.

Aunque ambos podrían parecer completamente distinto tanto en profesión como en carácter,

encarnaban la viva imagen de su infancia:

horas de juego al aire libre,

pelearse por quien tiene el control de la televisión

o a quien le tocaba el siguiente turno en el PlayStation.

Sus vidas parecían tomar caminos distintos del profesionalismo tanto académico como médico,

pero sus estómagos llenos del delicioso pozole de su madre o los dolores de espalda que ambos padecían por su altura,

un gusto por los autos de carreras,

y un amor a la carne asada en fin de semana.

Esto que para mí suele ser desconocido, el parentesco o divergencias en la hermandad.

Me gusta ya no encontrar tan ajena esta realidad

porque encuentro en ellos uno de los encuentros más hermosos de la vida:

incubarse en un mismo vientre,

comer en la misma mesa,

jugar los mismos juegos

e incluso, compartir un cuarto durante años.

Juntos

una palabra que describe perfectamente lo
que comprendo como hermandad,

que tomar caminos distintos

implica que hubo uno compartido.

Puedo dedicarte un libro entero

Así como he decidido hacerlo con mi vida

- *Darme a ti*

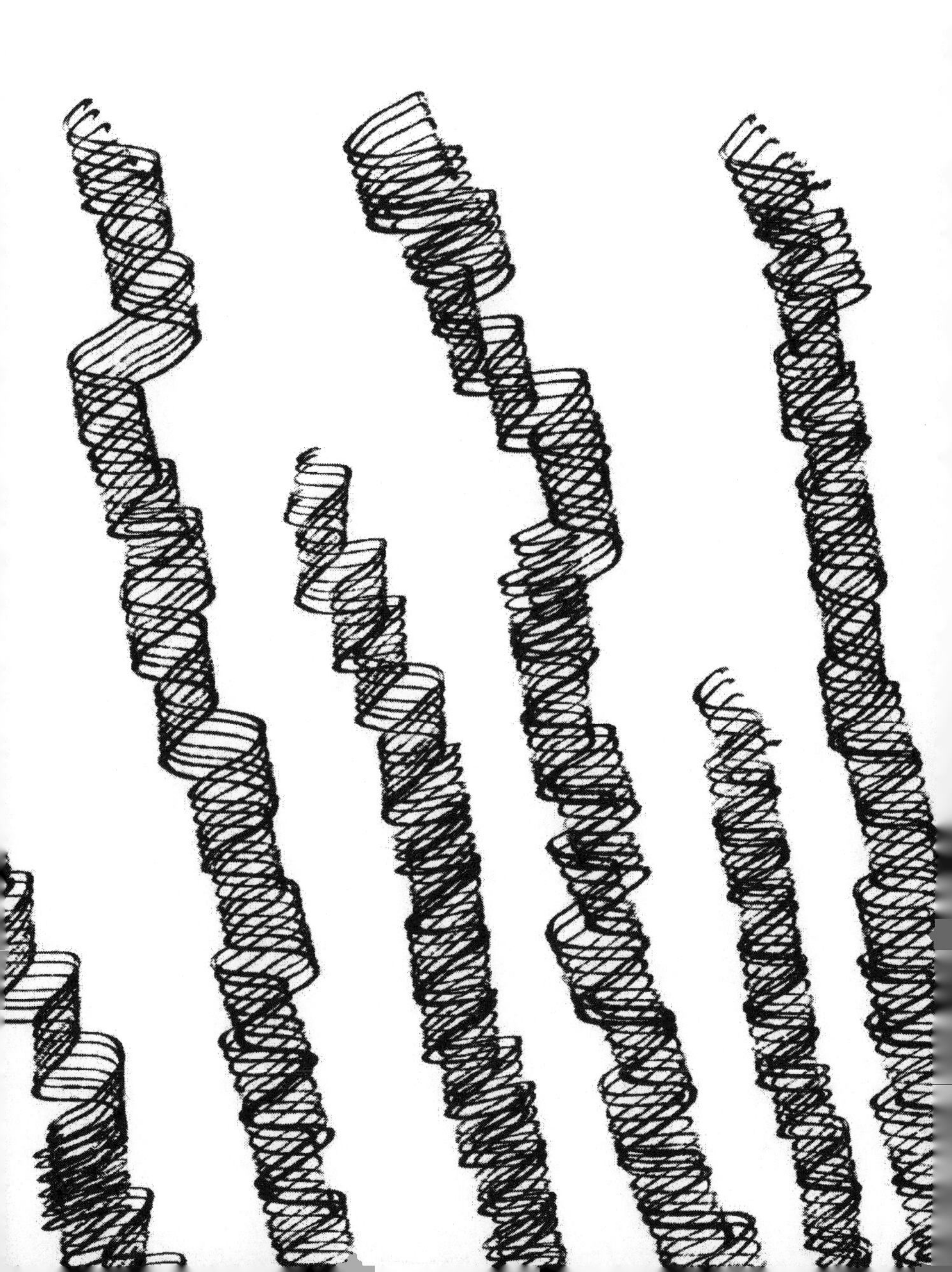

El pasado parece tan insignificante cuando estamos juntos.

Como si no hubieran existido otros labios,

otros ojos, u

otros amantes a los cuales les dediqué versos.

Llegaste como las olas a la orilla,

llevándose todo aquello que ya no era nuestro.

Reescribiendo una historia a la cual no tenía referencia alguna

porque cariño,

la referencia para el amor ahora eres tú.

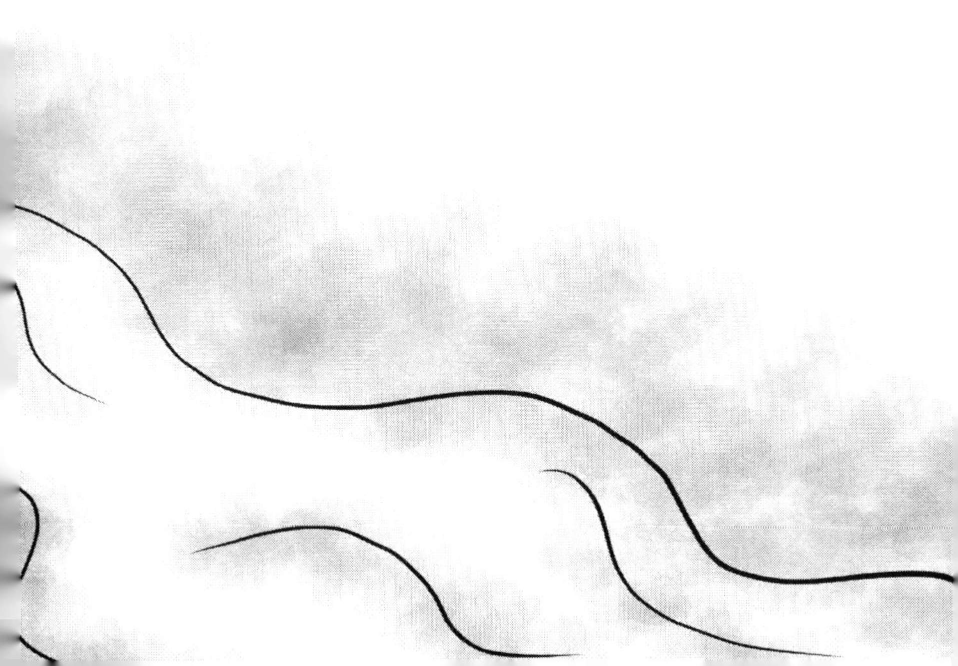

Y si mis cuentos de amor ya no son para ti

¿Entonces para qué escribiría de amor?

No es que seas un poema

¿Pero cómo sacarte de mi cabeza si no es de esta manera?

Como disfruto de ti:

de besarte,

escribirte,

tocarte,

sentirte,

hablarte,

vivirte…

El otro día escuché la canción que te escribieron.

Para ser honestos no sé si sentí cringe o celos

de pensar que alguien más pudiera escribir sobre ti

de la manera más vulgar y sosa posible.

Como si pudieras ser una canción genérica de despecho,

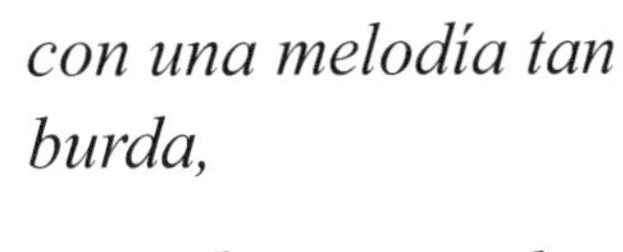

con una melodía tan burda,

cantada por una boca que no era la mía,

y escrita con unas manos que ya te habían tocado.

Incluso me reí,

me aprendí el coro

e intente verte desde sus ojos.

Lo cual era imposible

porque jamás podré reducirte ni expresarme sobre ti de esa manera

tan mediocre,

tan frívola,

y tan poco creativa.

Tú te mereces manifiestos enteros,

himnos en tu honor,

canciones que mínimo tengan gusto musical.

Así que no te preocupes amor mío

quedarás inmortalizado en mis libros,

tatuado en mi piel,

impregnado en mi sangre.

Porque no hay otra forma en la que se pueda hablar de ti

que no sea desde el corazón

- *Lo ordinario no sabe a ti*

Dormir parece una misión imposible cuando no te encuentras al otro lado de la cama

El problema de dormir todas las noches contigo

es que cuando no lo hago,

tengo un severo síndrome de abstinencia.

Pasaría todas las noches contigo con tal de despertar a tu lado en las mañanas.

Habitas en mi mente como aquel recuerdo que me hace sonreír por las mañanas.

Aquel que deseo conservar por las tardes para irme con él a dormir por las noches.

Cómo está inevitable carcajada que me sacas con tus pendejas y chistes malos en medio de la madrugada,

intentando quedarnos dormidos entre besos e historias.

Construyendo una vida juntos,

haciendo más memorias y secretos que nos acompañarán el resto de nuestro camino.

Como dos sonidos distintos entre los compases de la vida

intentando descifrar la siguiente estrofa.

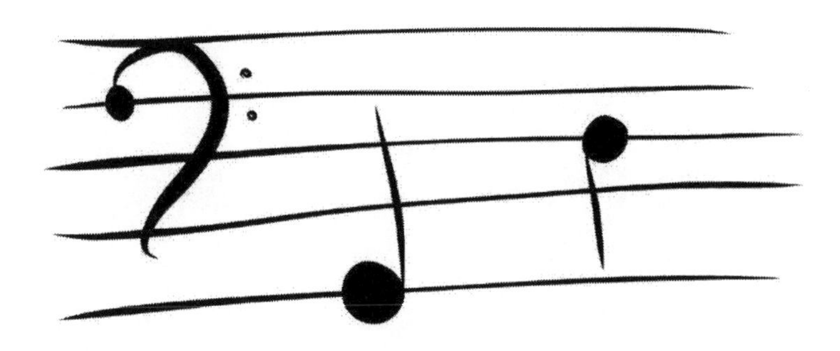

Y admito que me cuesta creer que me amas

debido a esta imperturbable ignorancia que se apodera de mí cada que me dices "te amo".

No sé si el amor será algo así como sentirme segura al lado de alguien o, dejar de sentir miedo.

Porque hasta ahora lo que he aprendido es que,

para mí el amarte

es arriesgarme a estar contigo

aunque esté muerta de miedo por dentro.

Que difícil resulta negarte entre almohadas y secretos.

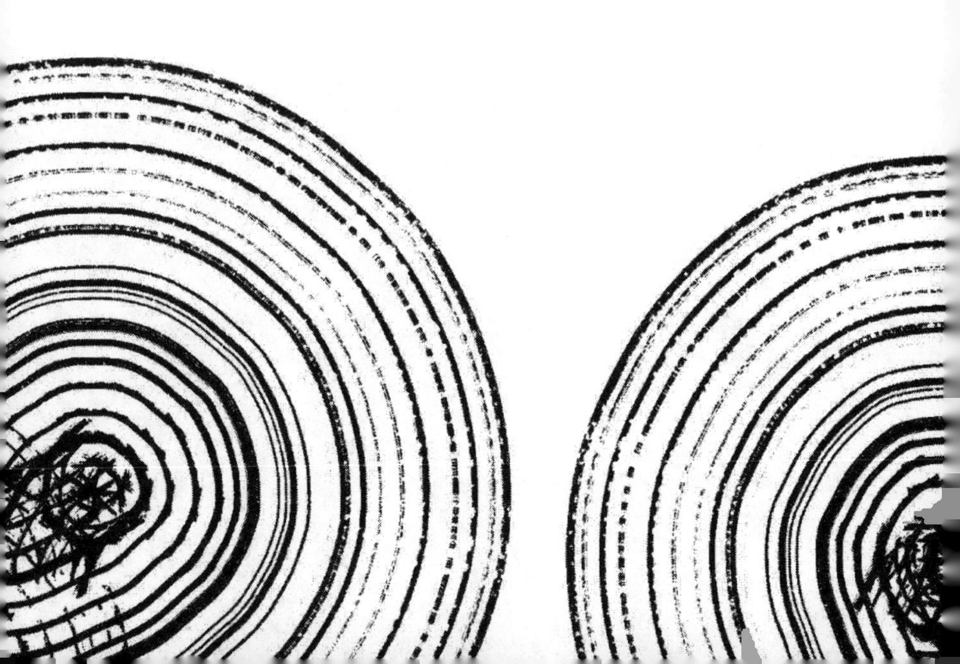

Es aquí cuando pensé que puedo enojarme contigo y

de hecho, lo hago.

Me enoja cuando haces berrinches por tu cumpleaños,

o que dejas las cosas tiradas por la casa,

cuando dejas al perro dormir en la cama

y, sobre todo, como sueles sudar y no irte directo a bañar.

Estar contigo viene con el hecho de que no todas las cosas que hagas me van a gustar,

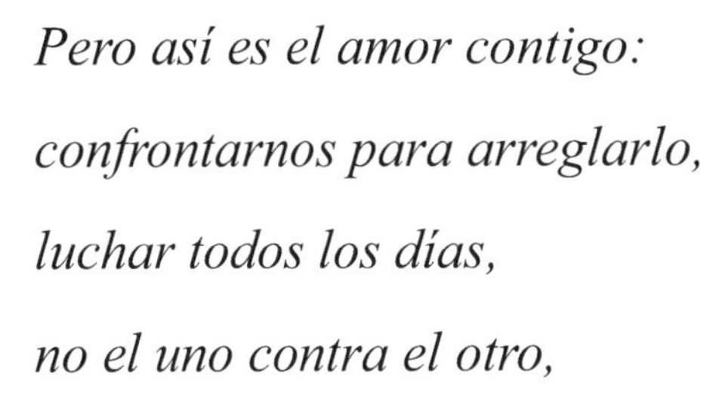

mucho menos que estaré de acuerdo con todo

y que no te expresaré mis inconformidades respecto a tus conductas.

Pero así es el amor contigo:

confrontarnos para arreglarlo,

luchar todos los días,

no el uno contra el otro,

sino ante los conflictos que conlleva una relación.

Porque no me imaginado enojándome con alguien más

y querer pasar todos los días de mi vida con alguien

que no seas tú.

No olvidare ese día que te vi afuera del salón de clases

hablando y riéndote.

Me acuerdo que escuché tu voz tan peculiar en los pasillos;

mi ritmo cardiaco empezó a acelerarse,

mis manos empezaron a sudar

y mis piernas a temblar.

Subí esas escaleras con medio pulmón de fuera,

jadeante de la subida y tu presencia.

No pude ni verte a los ojos

pero desde que pase a tu lado,

fue magnético.

Me hiciste sentir como aquellas pinturas de William Turner:

ocre.

No había necesidad de que los trazos fueran exactos, precisos o muy detallados,

ni una nitidez absoluta en la pintura para poder descifrar un atardecer en el muelle.

Así que me quede esa noche viendo pinturas desde mi teléfono,

pensando que jamás me habían hecho sentir tan cálida.

Tal vez era mi sudor,

mi boca salivada

o mis piernas humedecidas.

Pero algo era cierto:

que desde ese día que te vi,

no dejé de soñar contigo

y ahora todas mis noches

son como una pintura de William Turner,

Ocre.

Pensaríamos que un buen cuerpo,

una sonrisa irresistible

y actos apasionantes de deseo,

es lo que mantienen a una relación viva.

La "llama del amor" le dicen.

Yo creo en realidad lo contrario:

ese éxtasis se encuentra en los pequeños actos,

un café por la mañana,

un abrazo en momentos complicados,

en silencios oportunos

y risas incontrolables.

En actos de compasión

y platicas en medio de la noche.

La pasión no es algo que se mantiene con el contacto de los cuerpos,

sino con la disposición de los corazones.

Mañana tal vez no pueda decírtelo,

por ello me remito a amarte hoy,

prestarte mis oídos,

entregarte mis labios,

gozar de nuestra presencia

y rozar nuestras manos.

Puesto que no hay peor arrepentimiento

que dejar para mañana

aquello que puedo entregarte hoy.

- *No se puede posponer el amor*

Generalizaría si dijera que todos son iguales,

o decir que tú lo fuiste.

Cuando en realidad

fuiste aquella excepción

que no creí que llegaría.

Si el viento les hiciera a las hojas de los árboles

lo que tú haces con mi cuerpo;

no habría nuevas temporadas,

solamente quedaría el invierno.

Porque con tan solo el soplar de tus besos

a la espera de la primavera,

logras desnudar mis ramas en pleno otoño.

Anunciando así el fin de las nuevas estaciones

- *El eterno invierno*

Puedo dedicarte un libro entero

así como he decidido hacerlo con mi vida.

- *"Acepto"*

No espero una relación con ausencia de dolor,

carencia de conflicto

o, una eterna conciliación.

No espero un amor que no me hable a la cara

o me esconda la verdad entre las almohadas.

Mucho menos esperaría de ti no tener una conversación franca,

batallas por las noches y besos en las mañanas.

No me comprometería con lo nuestro si no supiera

que lo que tengo contigo no lo tendría con nadie más.

Que, si he de alzar mi mástil en los océanos picados y vientos acalorados,

Será con aquel que pueda sostener mi corazón

Y nunca abandonarlo.

Mensaje al Lector

Gracias a todos los que llegaron hasta el final del libro. Espero que este recorrido alrededor de mi jardín les haya sacado risas, lágrimas, recuerdos y ganas de volverlo a leer.

Todo lo que escribo lo hago desde lo más profundo de mi corazón y encuentro una gran valentía en aquellas personas que son honestas y claras consigo mismas, aunque duela y a veces enoje.

Si este libro resonó en algo contigo, me encantaría escucharte y que puedes ponerte en contacto conmigo en las redes sociales que están al principio de esta lectura.

Un buen libro siempre es bienvenido como un gran regalo. Así que, si gustas recorrer este jardín con alguien más, ¡regálaselo! O dedícale alguno de estos poemas, pensamientos y reflexiones que dejé aquí plasmados para ustedes.

Con mucho amor, para todos ustedes.

Made in the USA
Columbia, SC
13 February 2024

31275270R00137